RAISING BOYS

第5版

养育男孩

［澳］史蒂夫·比达尔夫 | 著　　宋修华 | 译

中信出版集团 | 北京

图书在版编目（CIP）数据

养育男孩：官方升级版 /（澳）史蒂夫·比达尔夫
著；宋修华译. -- 5版. -- 北京：中信出版社，
2024.9. -- ISBN 978-7-5217-6709-4
Ⅰ. G78
中国国家版本馆CIP数据核字第202495SW02号

Raising Boys by Steve Biddulph
Copyright © Stephen Biddulph and Shaaron Biddulph,1998
Simplified Chinese translation copyright © 2024 by CITIC Press Corporation
Published by arrangement with Finch Publishing Pty Ltd.
ALL RIGHTS RESERVED
本书仅限中国大陆地区发行销售

养育男孩（官方升级版）
（第5版）

著　者：[澳]史蒂夫·比达尔夫
译　者：宋修华
出版发行：中信出版集团股份有限公司
　　　　（北京市朝阳区东三环北路27号嘉铭中心　邮编 100020）
承　印　者：北京盛通印刷股份有限公司

开　　本：787mm×1092mm　1/16　　印　张：15　　字　数：260千字
版　　次：2024年9月第5版　　　　　印　次：2024年9月第1次印刷
京权图字：01-2013-5246
书　　号：ISBN 978-7-5217-6709-4
定　　价：45.00元

版权所有·侵权必究
如有印刷、装订问题，本公司负责调换。
服务热线：400-600-8099
投稿邮箱：author@citicpub.com

本套书所受到的赞誉

作为一个男孩的妈妈，从我初为人母开始，《养育男孩》在一定程度上缓解了新妈妈面对"一个时刻在成长的男孩"的未知恐惧。善待男孩，理解男孩，这是最好的教养之道。

——粲然（资深阅读推广人，著有畅销书《骑鲸之旅》）

《养育男孩》和《养育女孩》是一套陪伴每个父母的孩子成长说明书。我们的养育困惑，孩子的棘手问题，更有性别差异带来的个性问题，都有落地实操的建议方法。而且更加关键的是，这次的升级版还新增了不少因为性别可能带来的社会问题，提供了更加全面的育儿视角，让我们不仅可以解决当下难题，还能抬头看路，提前扫清前进道路上的雷。

——大 J（"大 J 小 D"创始人，畅销书作家）

这套享誉全球的育儿宝典，我一直非常推荐，并且专门为它录制了视频课程，播放量已累计超过 4000 万次。此次再版，作者史蒂夫针对当下的社会环境和育儿现状，增加了万字内容。期待它继续为家庭教育带来更多的信心和助力！

——樊登（帆书 APP 创始人、首席内容官）

作为两个男孩和一个女孩的母亲，我深知养育不同的孩子需要父母极大的成熟度和灵活性。这套经久不衰的养育宝典为父母们提供了很棒的指南——它如灯塔般，让我们在迎接新生命的初期就知道大方向在哪里，从而不会迷失。

——花生共和本花（育儿博主）

现代社会对男孩的期望和标签，与他们的自然发展并不完全一致。《养育男孩》帮助父母了解如何通过理解、支持和积极引导，帮助孩子找到自己，一同战胜成长过程中会遇到的包括情感表达和社会适应在内的各种困难。

——蔡妈老夏（育儿博主）

这套书一针见血地指出我们对男孩和女孩实际需求的误解，以及养育中有可能存在的种种陷阱。另外，作者对亲密关系和良好家庭模式的探讨，也值得所有爸妈思考和学习。

——李丹阳（年糕妈妈创始人）

读《养育男孩》《养育女孩》，你会发现男孩和女孩的内在特质和成长需求截然不同。它为我们揭示了不同性别孩子的成长路径和内在养育逻辑，让父母明白什么是最适合自己孩子的养育模式，该以何种方式给孩子以支持和帮助，如何与男孩或女孩建立紧密而稳固的情感联结。

——毛诗篇（此念文化创始人）

男孩和女孩在大脑构造、思维模式、社交形式，以及对问题的处理方式等方面大相径庭，首先得了解他们的身体、心理特点，知道他/她需要的是什么，育儿才能不迷茫。本书为我们揭示了性别养育的区别与科学依据，更难得的是，给出了非常多的方法、技巧，帮你走上智慧的养育之路！

——梅甜甜（长沙甜甜园长）

家庭与学校要给予适合男孩成长需要的环境与教育，比如多一些运动、动手操作和生活体验，多一些理解、耐心、陪伴和帮助。《养育男孩》回答了父母与教师们最关心的问题。

——孙云晓（中国青少年研究中心研究员，中国家庭教育学会副会长）

好的养育是基于对孩子的足够了解。《养育男孩》《养育女孩》这两本书，就是为我们开启解锁孩子成长密码的一把金钥匙。史蒂夫深刻探讨了养育孩子过程中，需要关注到的生理健康和心理健康，以及怎样打造美好的亲子关系，教会他们应对复杂多变的社会环境的方法。锁定养育重心和方向，你就成功了一大半。

——王金海（扶鹰教育创始人，亲子教育专家）

作为三胎宝妈，会发现男孩与女孩在生理和心理上的不同特点，使得他们在很多方面存有差异，我们需要提供截然不同的养育方式。这本书为我们揭示了性别养育的真相，包含非常多的育儿技巧，带大家走上科学的养育之路。

——王老师（育儿博主）

作为16岁男孩和8岁女孩的妈妈,这套书和我的养育理念非常契合。它为父母提供了一张详尽的生命航海地图,无论孩子处于什么阶段,你都能指引他开启未来的美妙航程。

——育儿女神蜜丝懂(育儿博主)

《养育男孩》《养育女孩》是世界公认的育儿经典,是新手爸妈入门的基础育儿读物,也是我常看常新的床头书,能帮家长全面了解0～18岁孩子身体、心理成长的全过程,清晰地找到养育重点。

——周洲(著名主持人)

作者的话 / XI
序言 / XIII

第 1 章　这就是男孩

"脆弱"的"酷小子" / 003
好消息 / 004

第 2 章　男孩成长的三个阶段

男孩成长的三个阶段 / 009
从出生到 6 岁：温柔岁月 / 011
6~13 岁：学着成为男人 / 014
14 岁：向男人转变 / 022

第 3 章　睾丸激素

睾丸激素周期 / 039
向往外面的世界 / 041

为什么男孩喜欢争吵和打架 / 042
男孩需要明确的指令 / 044
性别差异是如何产生的 / 046
性和攻击性 / 048
令人惊叹的睾丸激素 / 051

第4章 男孩和女孩在大脑结构上的差别

奇妙的成长过程 / 057
为什么会产生这种差别 / 058
为什么了解大脑结构很重要 / 063
危险！警惕性别思维定式 / 064
促进大脑发育 / 064
为什么男孩应该比女孩入学晚 / 065
男孩并不比女孩差——男女有别 / 067
帮助男孩提高情商 / 068
交朋友 / 070
认识自己 / 072
新男性 / 075

第5章 父亲应该做些什么

努力做个好父亲 / 079
多与孩子相处 / 080
孩子会学习父亲的言谈举止 / 081
孩子通过观察父亲的行为来学习如何爱别人 / 081
孩子通过观察父亲的行为来学习如何感受一切 / 082
不管婚姻出现什么问题，都不要抛弃孩子 / 084

打闹游戏 / 084

对男性意义重大的一课：知道什么时候应该结束 / 085

让爸爸教会男孩尊重女性 / 090

长不大的爸爸 / 092

我必须知道所有的答案吗 / 093

不必强迫孩子 / 095

父亲的作用至关重要 / 096

第6章 母亲与儿子

妈妈的成长背景 / 102

怎样照顾男孩 / 103

妈妈帮助儿子了解异性 / 107

帮助孩子树立良好的自我形象 / 108

伴随着孩子的成长，不断调整你的养育方式 / 109

吸取经验，总结教训 / 111

单身母亲一定要避免与孩子发生冲突 / 114

和丈夫一起分担照顾孩子的重任 / 117

性别平等 / 122

第7章 培养健康的性

性的本质 / 131

为何性得不到尊重会使人受到伤害 / 133

男孩对女孩的感受 / 135

男孩如何压抑自己的身体 / 137

保持开放和积极的心态 / 138

真情是培养出来的 / 139
学习尊重女性 / 140
厌女症及预防 / 140
一些实例：手淫和情色书刊 / 143
如果儿子是同性恋 / 146

第8章 学校教育改革

比女孩晚一年入学 / 151
学校需要更多合格的男教师 / 152
纪律问题需要男教师的参与 / 153
打造充满活力的教育环境 / 154
校长发挥关键作用 / 155
在男孩的弱项上帮助他们 / 159
帮助孩子们，不管是男孩还是女孩 / 162
欺凌弱小者 / 166
行为榜样就是人们效仿的典范 / 169
什么是学习困难 / 173
父母在家校合作中很重要 / 175

第9章 男孩与运动

圣诞节的板球活动 / 179
体育运动：一把双刃剑 / 180
帮男孩找到组织 / 181
友爱的安全场所 / 181
生活的课堂 / 181

消极的行为榜样和"运动员"文化 / 183
完美的陷阱 / 185
偶像的作用 / 185
运动伤害 / 186
不擅长运动怎么办 / 187
把事情做好 / 188

第10章 社会的挑战

失败、胜利与风度 / 192
有意义的帮助 / 193
启蒙 / 193
一段梦幻之旅 / 195

附　录 / 203
致　谢 / 205
我家的男孩成长手记 / 207

作者的话

以前,人们认为女孩不如男孩重要,女孩的能力也不及男孩。

一个家庭可以花费所有的积蓄供儿子受教育,并且坚信这种教育对女孩来说完全是"浪费"。男孩之所以会得到最好的食物和衣服,是因为他是家庭未来的希望。如果家里添了男孩,会被认为是幸运的;如果是女孩,则被认为是不幸的。

即使到了今天,在一些国家,女孩仍是可以买卖的。这让我们非常震惊。然而,虽然我们迫切要求,但是实现女孩与男孩之间的平等,并让她们充分发挥潜力的奋斗之路却很漫长。我们仍然在努力奋斗。

写作这本有关男孩及其特殊需求的书,我绝没有贬低妇女和女孩发展的意思。但是我们忧心地看到(对于那些经常翻阅报纸的人来说),男孩也受到了伤害。一个世界是否更美好,取决于所有的人能否更加幸福和健康。如果我们希望世界上有更多的好男人,就必须从现在做起,少一分责备,多一点理解。

史蒂夫·比达尔夫
1997 年冬

序言

你还记得第一次知道未出生的宝宝是个男孩的时刻吗?你的脑海中是否涌现出了他的模样?或许你还会想象他在奔跑玩耍,甚至看到他长成了少年、青年。你又期待他成为什么样的人呢?

今天,我们对于孩子的期望在改变。关于成功与快乐的科学研究表明,财富上的成功并不是美好生活的关键。事实上,财富有时会让人变得痛苦和孤独。无论你的孩子未来会如何,如果他能够保有温暖的内心和快乐的天性,形成强壮的脊梁与积极的态度,他的成长之路便会更加顺利。在生活中取得成功需要情商,而不仅仅是具体的知识。与人为善是打开快乐之门的真正的钥匙。你可以这样教导你的孩子,而这本书则会告诉你如何去做。

男孩们总是精力充沛。他们喜欢到处走动,尝试许多事情。同时,他们也非常坦率真诚。如果能够保持这些品质,我们的男孩便会成为很好的父亲、朋友,甚至是优秀的领导与合作伙伴。

《养育男孩》一书已经成为享誉全球的育儿手册,它教导我们如何培养出一个强大温暖、全面发展的青年。它教你如何做一个好母亲——无论你的儿子是婴儿、幼儿、少年还是青年;它教你如何做一个好父亲——即使你的父亲对你冷漠而疏远,你还是可以成为一个与其不同的父亲,在自己的家庭中

扮演更好的角色。如果你是一名教师,或是研究男孩心理学的教授,这本书也将对你大有裨益。

在数字化时代,我们应当和自己的儿子多一些互动,而不是让他们沉迷于限制大脑发展和阻碍人际交往的电子游戏。这是一个取得平衡的问题,而这本书能够帮助你找到这种平衡。

男孩的成长过程会经历三个不同的阶段,父母需要根据不同阶段的特点区别应对。我们还需要知道,男孩和女孩的激素分泌以及发展轨迹也是不一样的。起初,男孩学习新事物的速度会比女孩慢得多,但很快会赶上来。对此,我们需要循循善诱,并且让学习变得有趣而积极,引发他们的兴趣。

请热爱你的家人。

史蒂夫·比达尔夫

Raising Boys

第1章

这就是男孩

Raising Boys

在我们生活的今天，女孩更能把握自己，她们积极向上，工作努力。但是，男孩在生活中却经常不思进取：学习成绩不佳，与同学关系不融洽，容易暴躁，容易染上酗酒、吸毒等恶习。男孩和女孩在行为上的这种差别很早就产生了，不信你可以到幼儿园亲眼看看。女孩会聚在一起玩，非常快乐；男孩们却只知道疯跑，就像印第安人围着野牛疯跑一样。他们故意惹女孩生气，还和同伴打架。

第 1 章
这就是男孩

昨天晚上,我为了参加一个聚会驱车赶往城里时,太平洋公路上的车堵得水泄不通。一个 17 岁的男孩开着一辆轿车,车里坐着他的 4 个朋友。男孩试图摆脱困境,继续前行,但是他没看到从后面开过来的卡车。卡车几乎把轿车撞成两截,而且还拖着它行驶了将近 50 米。当我看到这一幕时,已经聚集了 7 辆事故处理车,其中有消防车、救援车、警车和救护车。人们通力合作,井井有条地处理着这起事故。

救援者把年轻的司机慢慢拖出汽车残骸时,他已经失去了知觉。车里的另外 4 个男孩也受了伤,伤势轻重不一。一个上了年纪的妇女从附近的农场赶了过来,她或许是其中一个男孩的母亲。警察正在轻声地安慰着她。

"男子汉"特征无处不在:一方面,他们缺乏经验,喜欢冒险;另一方面,他们有能力,富有同情心,性格坚强。

我对男人的秉性稍微总结了一下。当他们表现良好时,一切是那么美好;但是年轻气盛时他们又是那么脆弱,那么容易犯错。看着男孩降生,我们不禁想:长大以后他们会怎样呢?

"脆弱"的"酷小子"

在我们生活的今天,女孩更能把握自己,她们积极向上,工作努力。但

是，男孩在生活中却经常不思进取：学习成绩不佳，与同学关系不融洽，容易暴躁，容易染上酗酒、吸毒等恶习。男孩和女孩在行为上的这种差别很早就产生了，不信你可以到幼儿园亲眼看看。女孩会聚在一起玩，非常快乐；男孩们却只知道疯跑，就像印第安人围着野牛疯跑一样。他们故意惹女孩生气，还和同伴打架。

上小学时，男孩的作业写得潦草不说，还错误百出。到三年级时，绝大多数男孩不再愿意看书。到了中学，他们不参加辩论赛、音乐会、讨论会或其他非运动类的活动。他们假装对任何事都漠不关心，在他们看来，无知就是酷。

十来岁的男孩根本不懂男女之间的感情，也不知道怎样讨女孩的欢心。当有女孩在身边时，有些男孩盛气凌人；但是也有些男孩过于腼腆，不喜欢有女孩在身边。他们有的甚至不懂最基本的谈话技巧。

当然，最重要的是安全问题。15岁及15岁以下男孩的死亡率几乎是女孩的3倍，死亡原因主要是意外事故、暴力和自杀。

好消息

我们最希望看到的是年轻人精力充沛、勇于突破、快乐善良。我们需要把男孩培养成关心他人、能为21世纪的发展出谋划策的人。同时，他们也应该学会洗碗扫地、收拾自己的房间。

在过去的5年中，我对男孩的性格有了更多、更深入的了解。其中一些体会可能令人惊讶，也有一些令人高兴。我们认为，这本书会给人以莫大的安慰。30年来，一直存在着这样一种倾向：否定男孩的男子气概，认为男孩和女孩在本质上是相同的。但是当父母和老师反复告诉我他们的困惑时，就

第 1 章
这就是男孩

已经证明这个观点是不对的。新的研究成果表明,男孩和女孩在性格上是不一样的,这进一步证明了父母的直觉是对的。我们开始懂得怎样欣赏男孩的阳刚之气,不管它以何种形式表现出来,我们都不再压制它。

在本书中,我们努力从不同的角度来理解男孩。首先,我们将阐述男孩成长过程中的三个显著阶段。接下来,我们将检验激素对男孩心理状态的影响,以及如何帮助他们解决成长过程中出现的问题。我们将告诉你一些关于男孩大脑结构的新发现——他们的大脑很容易受到损伤。可以说,这些发现意义重大。同时我们将告诉你如何帮助他们更好地与人沟通。另外,本书中还引用了一些故事和观点,有些是关于母子之间的重要关系,有些是关于父亲在儿子心中至关重要的地位,还有一些是教父母如何促进孩子学习。我们将分析运动对男孩造成的影响,虽然运动有利于男孩的成长,但是也会造成负面影响，成为男孩成长过程中的一个障碍。我们还将谈论男孩和性的问题。最后，本书给出了一些方法，以帮助男孩转变为男人。

我们希望男孩能成为优秀的男人，而我们能够帮助他们成为这样的人，其中，理解他们是关键。

第 2 章

男孩成长的三个阶段

Raising Boys

　　男孩的成长过程并不是一帆风顺的。你给他们做饭洗衣,然后希望某天一觉醒来,他们已经长大成人,而事实并非如此。他们的成长要经历一个特定的过程,没有捷径。男孩在成长过程中所发生的变化,以及他们在不同时期所表现出的状态和活力都会令我们吃惊。但是人们的困惑在于不知道男孩们需要什么,即使知道他们的需要,也不清楚应该在什么时候给予。

第 2 章
男孩成长的三个阶段

男孩的成长过程并不是一帆风顺的。你给他们做饭洗衣,然后希望某天一觉醒来,他们已经长大成人,而事实并非如此。他们的成长要经历一个特定的过程,没有捷径。男孩在成长过程中所发生的变化,以及他们在不同时期所表现出的状态和活力都会令我们吃惊。但是人们的困惑在于不知道男孩们需要什么,即使知道他们的需要,也不清楚应该在什么时候给予。

令人欣慰的是,男孩成长过程中可能遇到的问题早已引起了人们的广泛关注,我们并不是最先面对这些问题的人。世界范围内的每一种文化都遇到了养育男孩的挑战,同时每种文化都提出了自己的解决办法。只是近几十年来,情况发生了巨大的变化,为了帮助男孩更好地成长,我们无法再像从前那样采用一种固定的解决方案。

男孩的成长要经历三个阶段,这一点从古至今,在世界各地都是如此。每当我和父母们谈论这一点时,他们的回答都是"是的",因为我所说的这三个阶段与男孩的成长经历完全吻合。

男孩成长的三个阶段

第一阶段是从出生到 6 岁。这个年龄段的男孩是属于母亲的。他是"她"的孩子,虽然父亲在其中也扮演了非常重要的角色,但是他还是属于她的。

在这一阶段,父母的任务是让孩子在爱的包围下安全地成长,让这一阶段成为男孩成长过程中温馨的一站。

第二阶段是6～13岁。在这个阶段,男孩感受到来自内心世界的召唤,开始尝试着成为男人。这时候,男孩在感兴趣和偏爱的活动方面越来越像父亲。(虽然男孩与母亲仍然保持着密切的联系,但是更广阔的世界开始向他招手。)在这一阶段,父母的主要任务是,让孩子在嬉笑玩闹的过程中形成善良的品性,同时培养孩子的竞争意识,并教给他们这方面的技能,使其成为一个全面发展的人。在这个年龄段,男孩为自己能够成为一个男人而感到高兴。

第三阶段是从14岁到成年。在这个阶段,男孩如果要完成从幼稚到成熟的转变,就需要成熟男人的引导。这时,父母在男孩的生活中不再占据主导地位,但是他们必须为儿子挑选好的引导者,否则儿子就会在同样无知的同伴身上寻找自我。在这一阶段,男孩参加成人社团活动的机会越来越多,这些活动将帮助他们学会与人沟通的技巧,让他们成为有责任感、自尊自爱的人。

注意:父母在以上每个阶段扮演的角色是不一样的,他们的角色转变需要一个过程,但是这个过程是循序渐进的,并不是转眼之间就能完成的。最好的做法是,在孩子的童年时期和青春期,父母双方都守护在孩子身边。在这个时期,父母的重心有所转变:男孩6～13岁这段时间内,父亲的角色越来越重要;14岁之后,引导者在男孩的生活中发挥着日益重要的作用。但是父母应当慎重选择男孩的引导者,让引导者引领男孩顺利地成为一个正直的人。

通过了解这三个阶段,我们知道了养育男孩的过程中许多应该做的事情。比如,对于那些身为6～13岁之间男孩的父亲来说,他们不应该再把精力只放在工作上。父亲常常缺席家庭活动会给男孩造成不良影响,会让男孩感觉不到来自父亲的支持。这样的父亲必然会伤害他们的儿子。(然而,在20世纪，绝大多数父亲却一直在这样做——我们孩童时期的记忆就说明了这一点。）

从这三个阶段可以得出这样的结论：当男孩十几岁的时候，他们需要外界的帮助和支持。然而，普遍存在的问题是，十几岁的青少年朝着更为广阔的世界前进，却没人为他们指引道路。因此，对他们来说，青少年和刚成人的阶段非常危险。有些男孩永远也无法跨越这一阶段，也就是说，他们永远也长不大。

男孩之所以会遇到一些问题，是因为身为父母的我们不知道在他们的成长道路上存在这几个阶段，也没有在适当的时候为他们提供正确的人生指导。

这三个阶段非常重要，我们必须对其进行更为详尽的研究，从而制订更好的应对方案。这就是我们现在需要完成的工作。

从出生到 6 岁：温柔岁月

婴儿就是婴儿。自己是男孩还是女孩，他们并不关心，我们大人也不应该在这个问题上浪费精力。婴儿喜欢让人抱着，喜欢有人和他们玩，喜欢被人逗，喜欢咯咯地笑；他们对这个世界充满好奇，喜欢探险，四处摸索。他们的性格迥异。一些孩子比较容易安抚——他们安静、放松，一觉睡很长时间。但有些孩子喜欢制造噪声，很难入睡，一直动来动去。还有一些孩子性情急躁，需要父母不停地爱抚才能平静下来。

对于那些襁褓中的婴儿和蹒跚学步的孩子来说，他们最需要的就是与父母（至少是其中一方）形成一种特殊的亲密关系。通常而言，这个人是母亲。原因有以下几点：母亲是最乐意看护孩子的；母亲为孩子提供母乳；母亲喜欢爱抚孩子，母亲慈祥可亲，能给孩子最大的抚慰。因此，一般而言，母亲

是最合适的人选,她能为婴儿提供所需的一切。为人母之后的身心改变使她成为最适合与孩子在一起的人,她会全身心地照顾孩子。

除了不能哺乳,父亲也可以为婴儿提供所需的一切,但是他们的养育方式与母亲不同。研究表明,在与孩子玩耍时,父亲的精力更为旺盛,更喜欢与孩子互动,母亲则希望孩子能安静下来。(如果父亲和母亲一样缺少睡眠,那么他也会希望孩子尽快安静下来!)

性别差异开始显现

男孩与女孩之间的性别差异很早就开始显现出来了。男婴对别人触碰他们的脸部不太敏感,相比之下,女婴则能更好地感受抚摸。男孩长得既快又壮,却不愿与母亲分开。到了蹒跚学步的年龄,男孩更喜欢走来走去,开拓更多的空间。他们越来越喜欢摆弄各种物件,用积木建造"高楼",女孩则更喜欢把积木摆放得平平稳稳。在幼儿园,男孩往往会忽视刚刚加入他们行列的新朋友,而女孩会关注新伙伴,并且友好地对待他们。

然而,成年人往往对男孩很严厉。研究表明,父母拥抱女儿的次数远远多于拥抱儿子,即使是对刚出生的婴儿而言,情况也是如此。此外,父母跟男孩说话的次数也远低于跟女孩说话的次数。母亲可能会狠狠地体罚男孩,但很少这样对待女孩。

如果男孩主要由母亲来照料,那么在这个孩子的心中,母亲是他寻求爱情的第一参照。从男孩蹒跚学步时起,如果母亲严格要求,定下种种原则,但是从没有打骂、羞辱过孩子,那么他会大踏步地前进。他知道,他在母亲心中占据着特别重要的地位。

如果母亲有兴趣教男孩知识并且乐于与之交流,那么会很好地促进孩子的大脑发育完善,使他获得更多的讲话技巧,从而使他在以后的生活中能更好地适应社会。稍后,我们将着重讲述这一点,这对男孩来说非常重要,因为与女孩相比,他们需要更多的帮助才能理解并掌握这些社会技巧。

如果母亲消极厌世,情绪低落,在男孩出生后的两年里未尽到职责,那么男孩的大脑就会发生变化,也会满脑的忧愁。如果母亲容易生气、愤怒,经常打骂他,他就会产生这样的困惑:她爱我吗?母亲同样需要别人的帮助,这样她才能得到放松,从而更好地完成养育男孩这项重要的工作。她也需要别人的关怀、照顾,以更好地照顾她的孩子。

当儿子抓到蜥蜴或者用泥巴捏出馅饼时,母亲会喜形于色,对孩子的成就大加赞叹。父亲也会和孩子打闹、开玩笑,动作是那么轻柔。当儿子生病时,父亲也会在一旁轻声安慰,为他读故事书哄他入睡。这会让小男孩懂得:男人是善良的,生机勃勃的;男人同样会阅读,有能力撑起这个家。

男孩入托不宜过早

如果可能,男孩3岁之前应该待在家里,由父亲或母亲照顾。托儿所或者保育中心并不适合3岁以下的男孩,这是由他们的本性决定的。大量研究表明:与女孩相比,分离更容易使男孩感到焦虑,让他们认为自己被抛弃了,从而在感情上封闭自己。此外,这个年龄的男孩容易烦躁,表现出好斗的行为,这种现象会一直持续到上小学。

对于那些刚学会走路的3岁以下的男孩来说,由细心的亲人或者有责任心的保姆看护远比进托儿所强。对于这些孩子来说,他们需要和看护人一起度过很长一段时间,看护人对孩子而言具有特殊的重要意义。对于男孩来说,最重要的一课是:学会和照顾他们的人保持亲密的关系,信任那个人——这能够让男孩感受到温暖并理解别人的善意。

小结

对于 6 岁以下的孩子来说,性别差异并不重要,我们也不应该刻意强调性别差异。一般来说,母亲是最主要的看护人,但是父亲也可以胜任这个角色。不管是谁看护孩子,重要的是有一个或两个主要的看护人爱护孩子,在这几年里,要以孩子为中心。这样,孩子就会在内心深处感到安全,他的大脑会得到充分发育,从而获得与人亲密交流的技巧。同时,这样的孩子热爱学习,也更喜欢与人合作。

宝宝降生后的最初几年时光是美好的,但转瞬即逝。好好享受儿子带给你的快乐吧!

6~13 岁:学着成为男人

男孩到了 6 岁左右,一个巨大的变化出现了。此时,男孩突然变得"男人气"十足,甚至连那些最安静的男孩也突然想舞刀弄枪,幻想自己身披着超人斗篷,与想象中的坏人较量、大声吼叫。这些重要变化并非偶然。6 岁左右的男孩似乎更喜欢和爸爸或其他男性在一起,与他们形影不离,想向他们学习,模仿他们。他们的目的就是学着做一个男人。

如果在这个时候父亲忽略了这

一点，那么儿子就会不时地制造麻烦，主要是为了引起父亲的注意。我曾经遇到过这样一个案例：小男孩生病了，病情严重，不断反复，却找不到发病的原因，医院只得对他进行特别护理。这时，孩子的父亲从国外乘飞机赶了回来。他是位声名显赫的医学专家，刚参加完会议。父亲刚一回来，孩子的病情就有所好转。不久，父亲又去参加另一个会议，男孩又病了。在此情况下，我们要求男孩的父亲重新考虑一下自己的生活方式，因为一年之中他有8个月奔波在外。他接受了我们的建议，从此男孩再没出现过类似的情况。

男孩可能会偷东西，可能会尿床，可能在学校攻击别的孩子，可能还会有其他不良行为，但是他们这样做仅仅是为了引起父亲的注意，为了使父亲对他们产生兴趣。

母亲的作用仍至关重要

男孩突然对父亲产生了兴趣，并不意味着母亲该退出他们的生活领域。在一些国家（例如美国），母亲经常会在这个时候有意疏远儿子，目的是让他们变得坚强。（在英国，上层社会家庭的男孩这时就要被送到寄宿学校。）但是奥尔加·西尔弗斯坦在《大胆培养优秀男人》一书中指出，这种做法是愚蠢的。你需要让男孩知道，他们可以依靠母亲，不需要掩盖自己脆弱的感情。在这个阶段，如果男孩能和父母保持亲密的关系，那么他们就能朝最健康的方向发展。如果父亲认为儿子占据了母亲太多的时间（这有可能发生），那么父亲也应该抽出一定的时间来陪伴母子，而不仅仅是责备妻子。或许是父亲太严厉，对儿子的期望值太高，使他心生畏惧。

在男孩很小的时候，如果母亲突然消失，带走了她所有的关爱和温暖，他就会发生可怕的转变：为了抑制自己的忧伤和痛苦，他的内心深处会关闭与母亲有关系的方面，即他温柔、可爱的一面。他发现，如果不能从母亲那里得到爱，这种感觉是非常痛苦的。如果男孩在这方面紧闭心门，那么长大之后会遇到同样的困扰，因为他们不能向自己的伴侣或孩子表达自己的关怀和柔情。他们会变得高度紧张，异常脆弱。我们都遇到过这样的男人（老板、父亲，甚至是丈夫）。他们在感情上压抑自己，与人交往时不能自由表达自己的观点。不管儿子是5岁、10岁还是15岁，作为父母我们都要时刻记得拥抱他们，他们才会健康成长，而不会出现上述情况。

父亲必须做的5件事

以下是对父亲提出的5条基本要求：

- **提前"触摸"孩子**。孩子尚未出生的时候，父亲就应该对母亲腹中的胎儿谈论自己对他的希望。从孩子出生的那一刻起，父亲应该学着照顾婴儿。这段时间是和孩子建立亲密关系的关键时期。照顾婴儿会使父亲的生活重心发生变化。因此，是否花主要精力照看婴儿要三思而行！照顾婴儿生活起居的父亲们开始对这项任务着迷，一切行动都以婴儿为中心，与他们的需求保持一致——这被称为专注。男人能在半夜把迟迟不睡的婴儿哄入梦乡——抱着他们踱步，轻轻颠着他们玩，小声地哼唱，做一切有助于婴儿入睡的事——他们是这方面的"专家"。因此，不要妄下结论，认为自己做不来，笨手笨脚，只会碍事；相反，一定要有信心，坚持下来，接受妻子或其他有经验的朋友的帮助和建议。一定要肯定自己的能力，为能照顾婴儿感到自豪。

即使你有一份要求严苛的工作，也要抽出周末或其他假期来陪伴孩子，完全沉浸在他的生活中。从孩子满两岁起，你可以请妻子外出度个愉快的周末，你和孩子留在家中，由你来照顾刚会走路的孩子。这样，你就明白了，你能照顾好孩子。

• **抽空陪伴孩子**。这是底线。父亲们听好了，这句话是全书中最重要的一句。通常，如果你一周工作 55 或 60 个小时，出差时间也包括在内，你就做不了一个好父亲。这样的话，你的儿子在生活中就会遇到很多问题，这是你造成的。父亲需要及时回家，与儿子一起玩耍嬉闹，同时教会他很多东西。在公司上班或经营小生意都会占据父母很多时间，这是家庭生活的大敌。父亲们最后找到的解决方法就是接受一份薪水较低的工作，这样就可以有更多的时间陪伴孩子、陪伴家人。如果晋升意味着工作更长的时间，有更多夜晚因加班而不能回家，那么当你有这种机会时，一定要认真考虑，然后严肃地告诉你的老板："对不起，我的孩子永远是最重要的。"

• **亲近孩子**。在儿子长成大人前，你可以拥抱他、逗他、和他打闹，也可以做一些比较文雅、安静的事——你可以给他讲故事、唱歌或者放音乐，他会静静地听着。一定要告诉儿子，他是多么出色、帅气、聪明，又是多么富有创造性（讲述时一定要带有感情）。如果你自己的父母在你小时候从未这样对待你，你必须学会这一点。

有些父亲对此心怀恐惧，担心拥抱儿子会使他变得娘娘腔。其实不然，事实正好相反。我采访过一些同性恋者和双性恋者，他们认为缺乏父爱是使他们认为来自男性的感情更为重要的部分原因。

• **放低要求**。享受和孩子在一起的快乐时光。不管你和他在一起是出于内心的自责还是出于父亲应尽的义务，这都不重要，重要的是如何让孩子在这个过程中受益。研究发现，有一些活动是父子都喜欢的。不要苛求孩子做到最好，这样会让孩子有压力，但是一定要让他参与家务劳动。此外，也要对孩子提出要求，让他参加一两种运动，让他乐在其中。同时还要注意，运动中避免让孩子过于注重竞争。父亲还应该腾出时间和孩子一起散步、做游戏，甚至谈心，把所知道的一切慢慢地传授给他。

- 与妻子分担照顾孩子的工作。现在，一些已为人父的男人过得轻松自在，他们把照顾孩子的重任都推给妻子。父亲应该和母亲一起，为怎样教育孩子出谋划策，监督孩子完成作业，教孩子做力所能及的家务，制订出明确的规则，让孩子遵守。千万不能打孩子，尽管他是那么调皮，不断地给你制造麻烦。

一定要尊重他们，不能对孩子发脾气。一定要耐心听孩子倾诉，重视他们的感受。遇到大事时一定要和妻子商量一起做出决定："我们应该怎样应对孩子的变化？应该做出哪些变动？"一起教育孩子会进一步加深你和妻子的关系，使你们更亲密。

当男孩的个子矮时

父母时常有这样的忧虑，儿子的身高能赶上别的孩子吗？事实证明这种担忧是完全没有必要的。近来，美国纽约州立大学儿科精神病学教授戴维·桑德伯格对8～14岁之间的180名男孩和78名女孩做了一项调查。这些孩子与同龄伙伴相比要矮很多，因此身高问题是此次调查的重点。结果表明，与高个子的伙伴相比，这些孩子并没有感到不自在。

早期研究证明，矮个儿男孩更容易感到害羞、焦虑或压抑，但是最近一次研究并没有得出同样结论。原因可能是社会在变化，变得更为多样化、更为宽容。如果孩子能够得到家庭成员的表扬和肯定，并且能与家人进行良好的交流，那么虽然与别的孩子不一样，他也不会感到特别有压力。

研究表明，个子矮的男孩认为自己与个子高的男孩相比更不善于与人交往，但是与个子一般的男孩相比，矮个儿男孩在个人举止方面的问题并

> 不比他们多。对女孩的研究显示，矮个儿女孩在智力方面竟超过达到平均身高的女孩。如果父母也是矮个子，那么孩子在这方面遇到的问题就更少了，这或许是父母身体力行、发挥榜样作用的缘故。这些父母因为孩子个子矮而担忧或寻求医学帮助的可能性不大。
>
> 在美国，有两万名儿童接受了人生长激素注射，目的就是促进发育，防止个子过矮。这种治疗大约花费 3 万美元。只有出于医学上的需要，医生才会推荐激素疗法，例如在肾功能衰竭或其他原因引起的生长激素不足的情况下。儿科医生认为，由于个子矮而带来心理问题时不需要这种治疗，他们认为这种治疗会给孩子带来痛苦和不便，可以说是弊大于利。
>
> 当今世界的大环境完全可以包容身高、体形各异的孩子和成年人。

寻找想要模仿的男人

6～13 岁之间的男孩仍然崇拜妈妈，还有很多东西要跟妈妈学。但是，这时他的兴趣在发生变化——他越来越关注作为男人应该具备什么。男孩知道，他们正在向男人转变，必须从身边的男人身上学习自己想要的东西，以此完善自己。

此时，妈妈应该以平常心来对待这一点，一如既往地支持孩子，使孩子能感受到母爱的温暖。对爸爸而言，他们应该抽出更多时间来陪伴孩子。如果爸爸不在身边，孩子会找一个人来代替，并对这个人产生很强的依赖性，例如在学校，男孩会崇拜男教师。然而，男性正逐渐从教育行业消失，特别是在小学。这就会出问题。（后面还会详述这个问题。）

单身妈妈

出于无奈，妈妈不得不独自担负起抚养男孩的重任。数千年来，这种情况时有发生。毋庸置疑，妈妈能担此重任。我曾采访过一些这样的妈妈，她们成功地把男孩抚养成人。但是她们都特别强调一点,那就是她们会为孩子寻找一个出色的男性榜样,并向孩子的舅舅、好朋友、学校老师、体育教练等人(确定这样的人选时务必小心,以免让孩子陷入性虐待的困境)寻求帮助。同时,她们也强调,为了应付随时可能出现的情况,她们需要各种帮助(朋友、按摩、自己独处的时间)。本书后面部分对这个话题进行了详细阐述。

是父爱缺失障碍(DDD[①])
还是注意障碍(ADD[②])

两年前,我的讲座结束后,一位叫唐的男子走上前来,向我讲述了下面这个故事。

唐是个卡车司机。一年前,他8岁的儿子被诊断出患了注意障碍。唐看了诊断书后,由于缺乏更多的信息,他认为孩子的病是由于没有得到足够的注意才引起的。

唐给自己制订了一个目标,就是抽出更多的时间来陪伴孩子。唐一直认为养育孩子是妻子的责任,丈夫只要努力工作,有能力挣钱养家就可以了。但是现在一切都改变了。在儿子放假时,或者是放学后,只要有时间,唐都会带上儿子一起外出。周末时,唐经常和朋友一起骑摩托车,这时唐也会带上儿子。

唐笑着告诉我:"我们在说话时,不得不轻柔一点,连我们的举动也变得文明起来。值得庆幸的是,小家伙能理解这一点,后来一些朋友也开始

[①] DDD,dad deficiency disorder 的首字母缩写。——编者注
[②] ADD,attention deficit disorder 的首字母缩写。——编者注

像我这样做了。"

好消息是，几个月后，唐的儿子比以前安静多了，不再依赖利他林（Ritalin，中枢兴奋药）了，也不再是注意障碍患者了。但从此以后，父子俩还是一起驾车外出，因为他们从中享受到了乐趣。需要注意的是：我们并不是说所有的注意障碍病例都属于父爱缺失障碍，但是有一大部分病例属于此类情况。（附录中对注意障碍有更详细的论述。）

小结

从小学一直到中学，男孩应该主要和爸爸、妈妈生活在一起，得到他们的帮助，向他们学习如何处理事情，享受他们的陪伴。从情感角度来看，在这个时期内，爸爸变得更重要。男孩随时准备向爸爸学习，聆听他的教诲。一般而言，男孩会更留意爸爸的一举一动。这足以使妈妈忌妒！

男孩从 6 岁左右到 13 岁的这段时间对爸爸来说至关重要。这是爸爸对孩子产生影响、在儿子心中树立英雄形象的关键时期。现在就是"抽空"做这些事的时候。小事同样重要：夏天的夜晚，和儿子一起玩耍；边散步边和小家伙谈论生活，向他讲述自己的童年；因为喜欢，所以和儿子一起运动，一起培养共同的爱好。美好的回忆始于此，几十年后，无论是你还是他，每当回首往事，都会感受到无尽的深情。

如果儿子的表现"酷"得令人有些头痛，那么爸爸也不必急于制止孩子，因为他是从同学那里学来的。过不了多久你就会发现，在"酷"的表象下，儿子还是一个顽皮、可爱的小男孩。当儿子确实想和你待在一起时，要好好享受这段时光。当男孩接近青春期时，他们的兴趣会发生转移，会更多地转向广阔的外部世界。在此我想告诉大家，尽早放手！

14岁：向男人转变

男孩14岁左右开始进入另一个发展阶段。在一般情况下，此时男孩进入了快速发育期，身体内部正在发生显著变化——睾丸激素大幅增加，含量几乎是以前的8倍！

尽管每个男孩都大不相同，但是这个年龄的男孩们有一个共性，那就是：好辩、焦躁、喜怒无常。这并不说明他们变坏了，只是他们发生了彻底的变化，拥有了一个全新的自我。重生必然充满斗争。他们需要自己解答成长道路上遇到的疑惑，需要开始新的征程，迎接新的挑战，从而学会生活——生物钟在催促他们前进。

我相信，处于这个年龄段的男孩会对大人感到失望。我们为孩子提供的东西大同小异：更多的学校规定和更多的

儿子，我把火车组装起来了！

家规。然而，青少年更渴望别的东西。无论是在生理上还是在心理上，他们都准备向成年人迈进，但是我们做父母的却想让孩子五六年之后再长大！因此，这时出现问题不值得大惊小怪。

他们需要能够吸引他们的东西，使自己充满激情，好似生出双翼，箭一般地朝前冲去。这时，父母害怕、担心的事（年轻气盛、喜欢冒险、酗酒、吸毒、陷入刑事案件）全都发生了……因为我们不懂得如何引导年轻人，让他们对荣誉和英雄行为有一个正确的认识。他们向往更广阔的世界，但是他们不懂得如何对这个社会做出判断，更不知如何融入其中。在某些人眼中，他们的叛逆甚至是一种取之不竭的宝藏，广告商和音乐人把他们的叛逆包装起来，给它们披上"酷"的外表后重新返给年轻人，而年轻人用金钱买回的只是自己被包装后的叛逆。

他们梦想着奔向更高、更美好的地方，但是他们向往的"圣地"却是虚无缥缈的。

以往的社会为孩子做了些什么

我们对以往的社会进行了详细的研究。研究表明，十七八岁的孩子受到了来自各方面的无微不至的关怀和全社会的关注。如果没有其他成年人的帮助，父母不可能把十岁左右的男孩顺利地抚养成人，当然这些成年人必须是值得信赖并乐于长期奉献的。

十几岁的男孩和父亲相处时总会意气用事，令对方发狂。通常，父亲会想尽一切办法去疼爱自己的儿子，但是做到这一点并尽力去教导孩子，似乎是不可能完成的任务。（你记得父亲教过你开车吗？）不知怎么回事，两个男人在一起总会使事情变得复杂难解。如果此时有人在其中调节，那么父子之间的紧张关系就能得以缓和。（一些出色的电影就是以此为题材的，例如《王者之旅》和阿尔伯特·芬尼主演的《乡村之恋》。)

按照传统,有两件事可以帮助年轻人成长为成年人。首先,他们需要一个或多个关心他们的人教授他们一些重要的生存技能。其次,在教授过程中的特定阶段,由年长者启发他们,教授他们一些社会入门知识。这意味着使他们经历严峻的成长过程,其中包括检验他们的生存能力,让他们接受正规的教育,让他们肩负起新的责任。

拉科塔的启蒙

拉科塔族印第安人闻名于世。或许你是通过电影《与狼共舞》熟悉这个民族的。这个民族有着古老的文化,族人精力旺盛,还有一大特点就是男人和女人之间和谐的关系。

拉科塔的男孩长到14岁左右时会被送去参加"幻象探索"或者说启蒙测验。测验中,他们坐在山顶上,不吃不喝,等待由于饥饿产生的幻觉出现。幻觉中将出现一个人,这个人会带来来自精神世界的预言,这些预言能指导孩子们的生活。当孩子们孤零零地在山顶上不吃不喝,浑身阵阵颤抖时,他们将听到山林中狮子发出的吼叫声,以及狮子走进暗处时发出的声响。事实上,这些声音是部落里的男人们发出的。他们在暗中看护,目的是确保男孩们的安全。对拉科塔这个民族来说,年轻人的生命太宝贵了,不能做无谓的牺牲。

当男孩战胜困难,最终回到部落时,部落会举行仪式来庆祝他的胜利。但是从那天起,在以后整整两年的时间内,他不能跟自己的母亲说话。

与所有以狩猎和采集为生的部落妇女一样,拉科塔的母亲非常爱孩子,对孩子倾注了全部心血。孩子们就住在母亲的帐篷或棚屋里,睡在她们身边。

第 2 章
男孩成长的三个阶段

族人认为,如果孩子刚刚迈入成年就跟母亲说话,那么他将再次掉进女人的世界里,永远也长不大,因为重返童年的吸引力是巨大的。

两年过后,族人会为这些年轻人和母亲们举行一个重聚仪式,但是此时,他们已经是男人了,能够以男人的方式与母亲相处了。在聚会上,凡是听我讲过这个故事的妇女都很受感动。这个故事让人既伤心又高兴,为分离而伤心,为重聚而高兴。母亲们从这次"离别"中也有所收获,她们确信,儿子再次回到她们身边时,一定会成为一个彬彬有礼的小伙子,会成为她们亲密无间的朋友。

我们可以把拉科塔男孩的成长经历与现代社会中的男孩的成长经历做个对比,后者与母亲的关系要么疏远,要么过于依赖,这都是非常棘手的。现代的男孩害怕长大,不愿面对要成为男人的现实。但是他们没有逃避,而是依赖所有照顾他们的妇女,这也是不成熟的表现。还没迈进男人行列的男孩不相信其他男性,也没有几个真正的朋友。他们害怕对女性做出承诺,因为在他看来,这意味着再次被人照顾、受人管制。他们确实是"一无是处的男人"。

只有离开女人的世界,年轻男子才能摆脱母亲的重重包围和层层保护。也只有这样,他们以后才能与女性正常交往。如果男人施行家庭暴力,不忠于自己的妻子,无法维持正常的婚姻,这与妻子无关,也不能完全归咎于丈夫,是丈夫的父亲造成了今天的悲剧。他在儿子成长的过程中,没能帮助儿子完成从男孩到男人的转变。

你可能会认为,男孩的母亲害怕孩子在思想上受制于人,父亲可能也有同样的担忧。但事实并非如此,负责教导孩子的都是父母认识、信得过的人。母亲懂得这一点,也乐意接受这样的帮助,因为她们意识到,她们需要这样的帮助。她们当初送出去的是惹是生非、不受管教的"野小子",但当孩子回来时,他已经变成了成熟、全面发展的年轻人。这时,孩子成了父母的骄傲。

> **小贴士** **把男孩傲慢自大的想法消灭在萌芽中**
>
> 或许男孩生来就傲慢自大。到现在为止,绝大多数母亲还是过于溺爱孩子,使得他们事事依靠母亲。在有些国家,人们还把男孩当作"小皇帝"一样侍奉。在当今世界里,这样养育男孩的后果是,不管是同龄伙伴还是其他人都不愿与一个被宠坏的男孩交往。
>
> 因此,我们需要把男孩培养成谦虚的人,这一点非常重要。日常小事能够帮助他们学会谦虚,例如当他们做错事该道歉的时候必须要求他们道歉,还要让他们学会助人为乐、尊重他人。孩子们必须清楚自己在世界上的位置,或许这个充满竞争的世界会让他们懂得这一点。
>
> 当少年们行为恶劣、动作粗鲁、冒犯了你时,比如在大街上,你被男孩们的滑板撞到,受到年轻男售货员的无礼对待,你碰到的是还没学会谦虚的小伙子。
>
> 在某种程度上,十几岁的男孩总是热衷于自己的想法,他们的道德标准只服从于自己的兴趣,从不考虑别人的感受。作为父母,我们的任务是,让他们参与和义务、公正以及是非有关的热烈讨论。他们必须强化一些基本品质——负责、全面考虑问题、为他人着想、考虑后果。仅仅爱孩子是不够的,让他们学会坚忍才是问题的关键所在。母亲让他们知道这一点,而父亲使这一点在他们的头脑中得到强化。如果孩子对此还是没有概念,那么年长者就该站出来,身体力行地教导他们。
>
> 可行的方法是,让孩子加入为别人服务的行列——他们可以帮助老人和残疾人,还可以帮助比他们小的孩子。他们能在帮助他人的过程中体会到满足感,同时也能得到别人的尊重,从而建立自尊。

第 2 章
男孩成长的三个阶段

向成人阶段的迈进并不是通过一次"周末辅导"就可以实现的。教会他们怎样像男人一样行事可能需要几个月的时间，其中包括让他们知道自己应担负起的职责，在哪里找到力量的源泉，以及前进的方向。我们通常听说的一些仪式都很具有代表性。这些仪式或许让人感到残忍和恐惧（我们不想重蹈覆辙），但是这样做是有目的的，也是一种表达关爱的方式。事实表明，那些经历过仪式的人对此都心存感激。

总而言之，传统社会的立国之本是培养有能力、有责任心的年轻人。这是关乎国家生存发展的大事，不能抱有侥幸心理。为了实现这一点，国家制订了一系列积极主动的培养计划。具体过程需要全体成年人的协调配合。（本书最后一章介绍了"社会的挑战"，这种培养方式适合我们这个时代。）

现状

在今天的世界里，引领男孩成长的教育大都是杂乱无章、系统性不强的。很多人根本就没机会接受这方面的教育。那些本应起到引导作用的人——体育教练、老师和老板们——根本不清楚自己在孩子的成长过程中扮演的角色，也没有做好这项工作。

仔细看着点儿！希拉斯，别跟这个扳手太较劲儿！

心灵寄语

奈特、斯坦和摩托车的故事

奈特是个15岁的男孩，觉得生活很不顺利。他讨厌学校，学习成绩差，一切都是一团混乱，而且情况越来越糟。他就读的是一所护理学校。他的父母和学校的辅导员以及校长都是老熟人。他们碰了个面，做出了一个决定，那就是，如果奈特能找到一份工作，就不再勉强他上学了。奈特在成人的世界里很受欢迎，与那些上中学的伙伴们相比，他或许应该算是一个幸福的男孩了。

幸运的是，奈特找到了一份工作，在一家只有一个人经营的比萨店上班。这家店的名字叫"斯坦比萨"。奈特就这样离开了学校。斯坦是这家店的老板，也是唯一的一名员工。他三十五六岁，店里的生意很红火，人手不够，正需要雇人。奈特开始在这家店上班，他很喜欢这份工作。他的嗓音变得厚重了，站得更直了，银行存款也增多了。但是，这时他的父母开始担心另一件事。奈特计划买一辆摩托车，为了方便上班。他们住在山里，道路蜿蜒，路面太滑。看着奈特的钱越存越多，他们的担忧也与日俱增。他们建议奈特买辆汽车，但是奈特不为所动，就想买摩托车。

一天，奈特回到家，经过饭桌时，嘴里念念叨叨，好像在思考问题。父母听到了一点，原来是关于汽车的。父母要奈特再说一遍，因为他们不确定奈特到底是不是在考虑买汽车的事。"我不打算买摩托车了。我对斯坦说过买摩托车的事，但是斯坦认为骑着摩托车在路上疯跑是傻瓜才干的事。他建议我再等等，等有足够的钱时买辆汽车。"

"谢天谢地，多亏了斯坦！"父母心想，但是他们只是笑了笑，什么也没说，继续吃饭。

以往，这个引导过程是在工作场所完成的，特别是手工作坊里那种特有的师徒关系发挥了巨大的作用。在这个体系下，少年在学习本领的同时，对生活也有了深入的认识，能摆正态度，明白自己应肩负起的责任。但是现在这种作坊下的学徒关系已经消失了。即使你利用周末时间在附近的超市工作，也不会有太大收获。

争取别人的帮助

从14岁到20出头的这段时间里，男孩朝着男人的世界迈进，他们待在父母身边的时间越来越少。此时，父母终于可以松口气了，但他们并没有完全放开孩子，仍小心翼翼，时刻保持着警惕。在这个时期内，孩子会有属于自己的生活，离家庭生活越来越远。这时，你对孩子的老师知之甚少，对他经历的事闻所未闻，对他们面临的挑战，你也束手无策。不过，对此不必忧心忡忡。

对于14岁或者16岁的男孩来说，他们还远没有做好"独自面对外部世界"的准备。这时，必须有人担当起"桥梁"的角色，这也正是引导者需要做的。在这个年龄，我们不能让少年们在没有成年人关照的情况下整天和同龄人待在一起。引导者发挥的作用超过老师或教练：引导者在孩子们心中占据着特殊的地位，同时孩子们对他们来说也很重要、很特殊。16岁的孩子不会总听父母的话，他的爱好也不会随父母

的意见而发生变化。对于引导者就不一样了。对少年们来说，这是他们可以"光荣犯错误"的时代，引导者的任务之一就是保证他们所犯的不是致命性错误。

父母必须让孩子接受引导，由谁来引导他们则取决于父母。事实上，是强大的社会团体——家庭集体活动、社区学校或真正相互关心的一群朋友——担起了这项任务。

你需要一些这样的朋友，他们关心、喜欢你的孩子，并能像个长辈一样经常为孩子做一些事。这些朋友会对你的孩子产生兴趣，会询问他们对某些事的意见。他们欢迎孩子常去他们家中玩，使孩子成为他们家中受欢迎的人。当孩子与自己的家人关系紧张时，他们能倾听孩子们的心声。（许多母亲都曾与未成年的女儿发生过冲突，大吵一架，然后女儿跑到路对面母亲最好的朋友那里哭诉自己的委屈。这可能就是朋友们让我们深感欣慰的原因之一吧！）

同理，你也可以这样帮助朋友的孩子。当他们不是你自己的孩子时，他们是非常讨人喜欢的！

在封闭处境的孩子有危险

如果孩子的父母较为封闭，孩子就会受到伤害。对此，我深有体会。我的父母本来就是害羞的人，移居加拿大后，他们更内向、更怕见人了。他们一直没能为我和妹妹找到同龄的玩伴，他们也没交到新朋友，没有自己的朋友圈。因此，我们无法使自己的生活变得更丰富多彩，无法扩展我们的生活范围。结果，我和妹妹长到十几岁时，为了从自己的小世界里挣脱出来，我们做过很多冒险的事，最后戏剧般地进入了更为广阔的世界。在这个过程中，很多年轻人会感到压抑，变得心理扭曲，甚至产生自杀念头。还有的人会产生叛逆心理，最终和同伙走上吸毒、犯罪的歧途。身为青少年的父母，你必须强迫自己站出来，成为社会的一部分，为自己的孩子创造一个和谐的社会关系网。你不可能既抚养好孩子，又做一个隐士。

如果没有引导者，情况会怎样

如果孩子身边没有引导者，那么在成长之路上，他会经历很多坎坷。为了挣脱父母的约束，他会与父母做不必要的争论。长此以往，他会变得性格孤僻、情绪低落。这个年龄的孩子时常会陷入困境，面临很多难以抉择的事：如何看待性，如何选择职业，以及如何对待酒精和毒品。如果父母能抽出一定的时间来陪伴孩子，了解他们的世界，那么孩子就会和父母谈论他们遇到的这些困惑。他们还是需要和成年人谈论这些事。一项研究表明，如果孩子在家人之外有一位成年朋友，就足以防止孩子走上犯罪道路。（只要这个朋友不会犯罪！）

在生活中，为了找到前进的方向和努力的目标，少年们会不惜一切代价，付出最大的努力。他们可能会迷上互联网而不能自拔，可能会痴迷于音乐或运动，或加入冲浪者的圈子。如果我们不能为孩子找到适合他们的人群，那么他们就会自己去寻找。但是，如果这个人群里全是一些同龄的孩子，这个人群就可能只是一群迷失了方向的年轻人，不具备一定的技能和知识，无法互相帮助。很多男孩并不常和自己的朋友联系，他们之间很少进行情感交流，更得不到来自朋友的精神支持。

父母抽不出时间来陪伴孩子，他们就只能独自面对生活中遇到的问题。对孩子来说，这是最坏的情形。所以，他们在这个年纪需要出色的教师、体育教练和其他成年人的帮助。我们需要很多这样的人，只有如此，才能为每个孩子找到对他们具有特殊意义的人，这并不是一件容易的事。

今天，母亲在养育孩子方面做得很出色，但是父亲才刚刚意识到自己在孩子成长过程中发挥的重要作用。为孩子找到一个好的引导者，是父母们在抚育孩子的征程上遇到的另一个难题。

小结

1. 从出生到 6 岁这段时间里，男孩需要无尽的爱，这样他们才能学会爱。一对一的言传身教能帮助孩子与外界建立联系。尽管父亲也能做到这些，但是在这个时期内，母亲是最合适的人选。

2. 在 6 岁左右，男孩会对男性产生浓厚的兴趣。在这个时期内，父亲将扮演主要角色。此时，父亲的兴趣和时间对男孩来说至关重要。但同时，母亲的作用依然重要。她不能因为孩子长大了，就减少对他们的爱护。

3. 大约从 14 岁开始，男孩就需要引导者的引领了，关心他们的成年人能帮助男孩慢慢地迈向更广阔的世界。在以前的社会里，他们会为孩子提供启蒙教育，这标志着这个阶段的开始。那时，为孩子寻找一位引导者是一件非常容易的事。

4. 单身母亲同样能很好地养育孩子，但是她必须小心谨慎地为孩子找到一位出色的男性榜样。尽管如此，单身母亲还是必须抽出一定时间来亲自照顾孩子（因为她们身兼两职，既当妈又当爸）。

特别提醒：性别差异是真实存在的！

近 30 年来，最为流行的理论是：除了那些接受过特殊训练的个体，男孩和女孩之间并不存在任何区别。根据这种思想，所有性别方面的差异只是孩子们穿的衣服不同、玩的玩具不同而已。善良的父母、幼儿园和学校狂热地追随这一观点：他们想尽一切办法让男孩们玩洋娃娃，让女孩们玩小汽车。

他们认为这样抚养孩子就会消灭性别差异,以及由此引起的一系列问题。

这样做的目的是打破传统模式——女孩只能做护士或秘书,而男孩却可以成为医生、商人或士兵。这是非常重要的社会变化,或许是 20 世纪最重要的变化之一。

任何认为女孩和男孩在生理上存在差别的想法都成了对此观点的亵渎,甚至可以说,考虑这个问题都会使人感到泄气。进入 20 世纪后,出现了这样的观点:因为女人的大脑不如男人的大脑发达,所以她们只能做一些家务活,或者是做全职妈妈,其他的工作不适合她们!(毕竟,做母亲不需要花费太多的精力,这不属于脑力劳动!)他们还以此为理由,认为妇女不能投票,不应该与男人同工同酬,不能拥有个人财产,等等。在 20 世纪七八十年代,妇女为了争取同等权利,坚持认为男女生来平等。人们停止了对性别差异的研究,因为任何人都不想阻止妇女解放运动的步伐,也不想为此受到舆论的攻击。

如今,一些不同的观点开始浮出水面。我们也乐意看到一些不同观点的存在,它们并不是由于社会原因而产生的。这些观点在社会上不会造成不良影响,它们并不认为女孩比男孩优秀,或者男孩比女孩优秀。如果女孩的大脑比男孩的大脑发育得快,那么我们的计划就可以做出相应的改变。这样看来,男女之间存在的差异就不是什么大问题了。如果在学校里,男孩希望老师能给出明确指示,女孩则喜欢团体协作——我们就能在教育策略上做出相应调整。如果男孩喜欢用自己的拳头解决问题,而女孩倾向于以理服人,那么我们就可以帮助他们理解彼此、接受彼此。我们不能一味地谴责他们,而应尽量理解他们。

在接下来的两章里,我们将介绍男孩与女孩的两点主要差异。对于父母来说它们意义重大,能使父母学会怎样帮助他们的儿子更好地成长。这两点是:

- 激素会对男孩的行为产生怎样的影响，以及父母应该采取什么样的措施。
- 男孩和女孩大脑的发育是怎样产生差异的，以及它们是怎样影响孩子的行为方式和思考方式的。

> **小贴士**
>
> ### 了解差异
>
> 有些性别差异是非常明显的，但是人们却对此视而不见，真是不可思议。例如，平均而言，男孩的肌肉量比女孩多30%；男孩的身体更强壮，更适合运动；男孩的红细胞的数量远远超过女孩的数量，这与后天训练无关。我们必须给男孩锻炼的机会，如果女孩也愿意，我们同样可以给她们锻炼的机会。只有给予男孩更多的帮助，才能使他们具备控制自己的能力，从而避免出现男孩之间彼此攻击或攻击女孩的情况。女孩也需要帮助，她们需要明白，虽然她们的语言能力强，但不应用来讽刺男孩、贬低男孩等。
>
> 但是这并不意味着"每个男孩都必须……"或"每个女孩都必须……"。毕竟，事情并不是这么绝对的，有些女孩比男孩还强壮，身体素质比男孩还好。（一些女孩也需要接受非暴力训练。在悉尼的一所学校里，男孩的家长都让孩子转了学，原因是学校里的女孩一直在攻击他们。）性别差异是普遍存在的，但具体问题还需要根据时代的发展做具体分析。
>
> ### 男孩与听力
>
> 男孩时常会出现听力障碍，这是咽鼓管堵塞引起的。不管在家还是在学校，当孩子不听话时，一定要弄明白他们是不是没听到你对他们说的话。弄清这一点非常重要。如果发现确实是孩子的听力出了问题，那么一定要

第 2 章
男孩成长的三个阶段

请医生诊治。这种情况很好处理，而且对孩子来说很重要，只有这样，孩子才不会错过语言发展的任何一个阶段，也不会在学习上落后。孩子的咽鼓管很容易堵塞，也很容易治愈。尽管如此，在孩子成长的不同时期内，这种病还是会对他们造成一定的影响。

Raising
Boys

第3章

睾丸激素

Raising Boys

睾丸激素会使男孩发生重大变化：
- 4岁——男孩开始变得淘气、好动。
- 13岁——男孩进入快速成长时期，缺乏目标。
- 14岁——男孩遇到人生历程中的第一次考验，开始进入成年期的早期阶段。

第 3 章
睾丸激素

珍妮已经怀孕 7 个星期了，她非常激动。虽然她毫无觉察，但她的孩子就要发育成男孩了。在此，我们用的是"就要"这个词，因为胎儿的发育过程并不像我们所想的那样！实际上，所有动物在生命之初都是雌性。Y 染色体能使胎儿发育成男孩，这条染色体开始在子宫里发挥作用——使男孩具备男性应有的器官，同时终止女性器官的发育。这就是男女都有乳头的原因，尽管并不是每个人都需要它。

这是什么？

睾丸激素周期

珍妮怀孕的第 8 周，在胎儿的小小身体内，Y 染色体开始在细胞内移动，睾丸激素开始形成。由于这种化学物质的存在，胎儿开始具有更多的男性特征——睾丸和阴茎开始发育。此外，婴儿的大脑和身体也发生了细微的变化。一旦睾丸发育成熟（到第 15 周），它们就开始产生多余的睾丸激素，胎儿也就变得越来越具有男性特征。

如果珍妮在怀孕期间压力过大，她的身体就会抑制胎儿体内睾丸激素的产生，导致胎儿的睾丸和阴茎得不到完全发育，以至于胎儿出生后功能不全，但是经过一年的生长发育后，他还能赶上正常婴儿的发育水平。

出生后，男婴体内睾丸激素的含量几乎相当于一个12岁男孩体内睾丸激素的含量。为了具备男性特征，他一出生就需要这些激素来刺激身体发育。这种"睾丸激素残留物"会使刚出生的婴儿的阴茎偶尔出现轻微的勃起。

出生几个月后，婴儿睾丸激素的含量会下降到刚出生时的1/15。在婴儿蹒跚学步的整个阶段内，他体内睾丸激素的含量会比较低。蹒跚学步的男孩和女孩的行为表现非常相似（你会同意我的观点，对此，我很肯定）。

当男孩长到4岁时，睾丸激素激增——达到之前的两倍。为什么会发生如此巨大的转变，没人能解释清楚。长到5岁时，小男孩会对战斗、英雄行为、冒险以及需要花费极大精力的游戏产生越来越浓厚的兴趣。有些父亲则认为，这个年龄的孩子最讨人喜欢，因为他们现在能玩一些球类游戏了，他们还能和父亲一起修整花园，彼此还能互相影响。而在此前男孩处处需要照顾时，所有这些都是不可能实现的。

在男孩5岁的时候，体内的睾丸激素会下降一半。这时，他会再次平静下来。这时，他体内的睾丸激素仍然足以使他对运动、冒险以及探险感兴趣，但唯独对女孩不"感冒"。

在11~13岁这段时间内，睾丸激素含量开始再次急剧上升——达到蹒跚学步时期的8倍。睾丸激素激增的结果是，男孩的四肢会突然猛长，以至于他全身的神经系统都会发生根本性的变化。在接受调查的男孩中，一半人的睾丸激素含量过高，最终转变成了雌激素。这些人可能会经历女性的一些生理变化，例如胸部会隆起，而且性格会变得异常温柔。但是没有必要担心这些情况的出现。

第 3 章
睾丸激素

向往外面的世界

由于生长发育过快，男孩的大脑组织将重新整合。在这个过程中，他的行为会发生很大变化。具体来说，就是在一连几个月内，他变得迟钝、木讷，做事无计划，生活一团混乱。此时，父母不得不为男孩考虑一切事情！如果父母不知道孩子发生变化的原因，那么他们不免会想：他到底怎么了？如果父母知道这是青春期反应，并时刻保持关注，那么一切都会随着孩子的成长逐渐好转起来。

到14岁时，男孩的睾丸激素含量达到最高值。这时，他的阴毛开始疯长，粉刺在眨眼之间也纷纷冒了出来，强烈的性意识在他头脑之中挥之不去，焦躁不安时时与他相伴。所有这些因素都使男孩躁动不安，同时他身边的人也会束手无策，无可奈何。

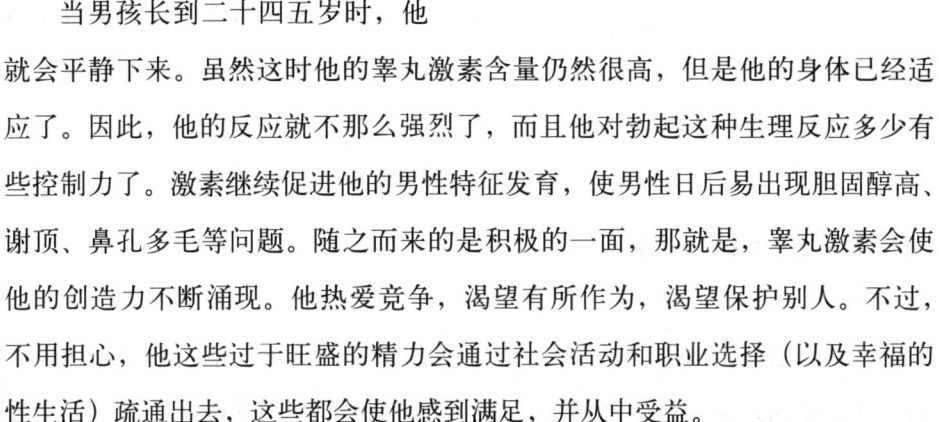

当男孩长到二十四五岁时，他就会平静下来。虽然这时他的睾丸激素含量仍然很高，但是他的身体已经适应了。因此，他的反应就不那么强烈了，而且他对勃起这种生理反应多少有些控制力了。激素继续促进他的男性特征发育，使男性日后易出现胆固醇高、谢顶、鼻孔多毛等问题。随之而来的是积极的一面，那就是，睾丸激素会使他的创造力不断涌现。他热爱竞争，渴望有所作为，渴望保护别人。不过，不用担心，他这些过于旺盛的精力会通过社会活动和职业选择（以及幸福的性生活）疏通出去，这些都会使他感到满足，并从中受益。

当40出头时，男人的睾丸激素含量开始逐步下降。他有时会一连数日对性了无兴趣。在卧室里，质量胜过数量。此时，男人更成熟，更明智，这无须举例说明。无论是在小团体里还是在工作中，他都能很好地发挥领导作用。

每个男孩都是与众不同的

在这里，我们描述的是一般男孩的成长模式。男性之间是存在很大差异的，但男女之间又会有很多重叠的特征。一些女孩的行为举止甚至比男孩更男性化，同时也有一些男孩的行为比女孩更女性化。不管怎样，对绝大多数孩子来说，这种一般模式还是符合他们自身情况的。

了解男孩的激素以及它对男孩造成的影响对我们来说很重要。这意味着我们能理解男孩在不同时期会发生的变化，也就能给他们提供他们急需的帮助。就像一个合格的丈夫能理解妻子月经前的紧张一样，合格的父母也应该理解男孩由于睾丸激素水平的变化而引发的一系列变化。

为什么男孩喜欢争吵和打架

睾丸激素同样会对男孩的心情和精力造成影响，其影响力超过了生长激素。毫无疑问，这会使男孩精力旺盛，也会使他们变得狂躁。这也是几个世

第 3 章
睾丸激素

纪以来，人们为了驯服马，要先阉割它们的原因。如果给雌性老鼠注射睾丸激素，这些老鼠会试图和同性交配，还会互相厮杀。注射睾丸激素后，它们大脑的某部分得到了发育，而其他部分的发育则会减缓。睾丸激素能促进肌肉形成，减少脂肪堆积。此外，它会使受试对象脾气暴躁、毛发脱落。

睾丸激素是怎样影响男性心理的呢？美国沃尔特里德军事研究所的一项著名研究可以对此做出解释。人们对关在实验室里的一群猴子进行了密切观察，目的是了解它们的社会结构。研究员发现，猴子中的雄性成员之间存在着森严的等级制度，雌性之间的等级关系则比较松散。雌性之间只存在谁为谁梳理毛发的关系，仅此而已！但是，雄性猴子知道谁是它们中的老大、老二、老三……它们之间的决斗将决定这一切。

研究者洞悉了猴子称霸的原因后，就刻意在猴群之间制造混乱。他们为猴群中级别最低的那只猴子注射睾丸激素，然后再把它放回去。猜猜接下来会发生什么。这只猴子居然挑衅自己的"顶头上司"。或许使它自己都感到吃惊的是，它居然赢了！紧接着，它与下一个"头头"展开了激战！20 分钟后，它竟一路过关斩将，直奔猴王，一阵厮打之后，猴王落荒而逃。再来看看我们的英雄吧，它矮小、瘦弱，但是它体内含有过高的睾丸激素。它成了猴群的"代理大王"。

但可悲的是，这种情形并不能持续很久，药物作用很快会消失。这时，我们可爱的小英雄就成了众矢之的，此前被他打败的头头们开始报仇雪恨，层层打击，直到他再次被赶回猴群的最底层。

需要注意的一点是，睾丸激素会对大脑产生影响，使男孩更关心等级差别，对竞争更感兴趣。

男孩需要明确的指令

在《养育儿子》一书中，作者唐和珍妮讲述了一个故事，是一个年老的童子军团长在他们所在的城市管理无可救药的童子军的事。这是一个最糟糕的童子军剧团：他们不学无术，只知道打闹，剧团被弄得乌烟瘴气。一些性格温和的男孩离开了剧团。是该对他们进行一次全面整顿的时候了！第一次见这些男孩的时候，这位团长就给他们制订了许多规则。他明确告诉他们，要么听话，要么离开。他建立了层级清晰的组织结构，开始有序地向孩子们教授技巧。他使剧团发生了根本性的转变，他成功了。数月之后，剧团呈现出一片和谐的景象。

这位团长以自己的亲身经历向男孩们解释了这一现象。男孩需要懂得三件事：

1. 谁负责；
2. 规则是什么；
3. 规则能否得到公正执行。

关键在于组织结构

在组织不健全的环境中，男孩会没有安全感，会感到自己处于危险之中。在没有专人看管的情况下，他们会动用武力，以明确强弱次序。在睾丸激素的驱使下，他们急不可耐地想划分出等级，但往往因为他们都是同龄人而无法付诸行动。如果我们为他们提供一套完善的组织，那么他们就能放松下来，不必再为谁是老大的问题烦恼了。女孩之间则不存在这样的问题。

第3章
睾丸激素

几年前，为了研究加尔各答贫民窟的家庭情况，我在那里住了一段时间。放眼望去，那里一片混乱，令人心生恐惧，这就是这座城市给人的最初印象。在那里，社会团伙比比皆是，邻里之间也是等级分明。但是，不管这些现象是好是坏，它们还是为人们的生活提供了一个组织结构。在有明确组织结构的环境中生活是比较安全的——即使是生活在类似黑手党组织的环境中，也比没有一个组织要好得多。如果建立组织的人是可信赖的、有能力的领导者，那么成员们的生活会更加美好。当你看到一群蛮横的男孩招摇过市时，你就知道他们没有一个成年人组织来管理。男孩们拉帮结伙是为了生存，想获得一种归属感、安全感和等级感。

男孩表现得异常粗暴是为了掩盖他们的恐惧。如果有一个人是他们的"老大"，那么男孩们便会放松下来。但是，"老大"一定不能是行为古怪的人，也不能动不动就惩罚他们。如果负责领导他们的人恃强凌弱，那么男孩的压力会增大，会再次为了保护自己而做出过激的事。如果老师或父母是和蔼可亲且公正无私的（同时不失严格），那么男孩就会停止所谓的"大男子主义行为"，继续自己的学业。

这似乎是男女之间的内在差异。如果在一个团体中，女孩非常焦虑，那么她们往往比较胆小、害羞、沉默不语，男孩则会到处疯跑，大声吵闹。对于这两种截然相反的表现，一直以来就存在一个误区：很多人认为这是男孩在"占领地盘"。然而，实际上这是男孩内心忧虑、焦躁的反应。但是在一些学校则不会出现这种情况。这些学校能够引导孩子们参与有趣的、具体的活动（比如采取蒙台梭利教学方法的学校，这些学校纪律严明、分工明确），而且这些教学活动并没有对孩子们的行为进行性别区分。

激素会对男孩的行为产生影响，但并不是每个人都认同这个观点。一些具有女权主义倾向的生物学家认为，男孩体内之所以会产生睾丸激素，全是后天养育方式造成的。这话也有一定的道理。研究发现，如果男孩就读的学校环境不好，一片混乱，充满暴力，那么男孩体内的睾丸激素含量便会上升。如果这所学校引进一些人性化的管理方式（老师不再虐待、辱骂及威胁孩子），那么男孩体内睾丸激素的含量就会下降，且下降幅度很大。所以，环境和生理结构都会对男孩体内的激素分泌产生影响。

但是，环境仅仅对激素的分泌产生影响，而男孩内在的生理结构才是产生激素的本源。成功养育男孩就意味着要使男孩接受自己的本性，并以适合他们的方式把他们往好的方面引导。

性别差异是如何产生的

进化会对所有的生物造成影响，在悠悠岁月中不断地改变他们的形态。例如，早期人类的下颌很大，牙齿非常发达，这完全是为了适应环境，用来咀嚼生食。但是，发明了火和学会烹饪后，经过一代代的进化，我们的下颌和牙齿逐渐退化，变小，因为我们现在吃的多为熟食，比以前易嚼得多。因此可以说，是我们的行为改变了我们的身体形态。如果在以后几千年的岁月中，我们吃的全是快餐，那么到最后我们的下颌就可能完全消失！

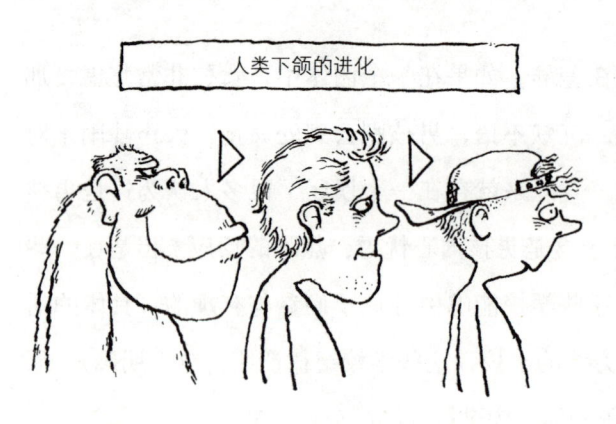

人类下颌的进化

第 3 章
睾丸激素

对人类来说，一些性别差异是非常明显的，如身高、毛发等。但主要的差别是内在的东西，是我们的肉眼无法看到的，这是由于男女之间的分工不同造成的。在以狩猎和采集为生的社会中，男女之间的分工主要是依据男女的身体条件划分的。在人类历史中，99%的情形是这样的：妇女主要负责采集，男人主要负责狩猎。

狩猎是一种需要技巧的特殊活动，它需要全体狩猎人员做出快速的反应，也要求他们具有强健的体魄，同时还要非常专注，不能出现任何闪失。一旦开始追捕野兽，是没有任何商讨时间的。在狩猎活动中，会有专人指挥，其余人员需要做的就是服从安排。

妇女的任务是采集种子、拾柴火和捕捉昆虫，这种采集工作与男子的狩猎活动大不相同。在完成这一工作时，妇女们有充足的时间进行讨论。同时，这种工作对妇女也有一定的要求，如手指要灵活。此外，她们还要照顾孩子。这种工作的结果是：所有妇女的手指都变得异常灵活。妇女的工作需要她们时刻保持小心谨慎，同时还要坚持不懈，注重细节。然而，狩猎就大不相同了，这种工作甚至要求男子具有不怕牺牲的精神。因此，总体而言，女人的形体发生了很大变化，变得比男人娇小。但就耐力而言，女人则胜过男人。男人的爆发力强，但是持续的时间短。不过，男女之间的差异并不是很大，有一些工作是男女都可以做的。男女在身体形态和大脑结构方面的差别不大，但这些细微的差异却对他们造成了深远的影响。

狩猎和采集的传统仍然在现代留有影响。在一些不发达的国家和地区，男人工作不努力，无法和女人相比。或许，这些男人在等待着某天依然能像祖先那样去打仗或狩猎！

性和攻击性

一些重要研究表明，能力强的男人对性的向往更强烈。对于男运动员来说，赢得比赛的运动员与输掉的一方相比，前者赛后体内睾丸激素的含量会升高。根据历史学家的研究，一些伟大的国家领袖（如肯尼迪总统）的性欲非常强烈，以至于会影响他们的工作和生活。（一边要管理这个国家，一边还要克制自己的性欲，这真的很难。）

20世纪80年代对青少年犯罪的研究发现：在男孩经历第一次性爱之前的6个月内，他们更容易惹麻烦，做错事，概率是平时的几倍。换句话说，开始有了性生活后，他们就能平静下来。这个年龄的男孩大多会手淫，说明这不仅仅是性欲能否得到释放的问题，或许是因为当男孩找到真正的恋人后，他们才感觉自己是"真正的男人"了。（我们不想把这作为防止犯罪的手段，但这确实有一定的意义。）

性欲和攻击行为之间存在着某种联系——都是受大脑和激素的控制。一些人经历的不幸和痛苦（如遭到性侵犯）都可以追溯到性欲和攻击行为上。因为它们之间存在着这种关系，因此，要帮助他们认识到：女性和他们一样都是人类，要站在女性的立场上，多为她们考虑，努力学着做个好男人。帮助他们认识到这一点非常重要。

男人如果把自己的攻击行为都归罪于激素，这个借口是不成立的。但是至关重要的一点是：对于暴力和性，我们应该区别对待。我们不应该拍摄或放映把性和暴力联系到一起的画面。一些带有复仇和强奸情节的电影却把两者扯在一起。

甚至一些成年人也认为两者之间有关系，从而产生了错误的想法。最近，澳大利亚一家婚姻介绍所为一位60多岁的男人牵线。在介绍所为他安排的约会上，他表现得太出色了。这是一位异常温柔体贴的男人（两年前丧妻）。为了弄明白当今的女人喜欢什么，以采取相应的行动，他研究了大量的时尚杂志。

色情电影对社会造成了恶劣的影响。典型的色情电影内容简单，无聊至极，只能供无聊的人来消磨时间。性爱是温柔的、美好的、有趣的，也是令人激动的。描述这些情节的电影都到哪里去了呢？（这些情节体现了交流、分享以及关爱。这样的电影能让青少年对性爱有一个全面的了解。）

要避免性暴力的出现，一个可行的办法可能就是及早行动，从善待孩子开始。罗蒙德·威尔是一位英国专家，专门研究对儿童进行性虐待的男子。经过研究他发现，虽然并不是每个性侵犯者在性方面都曾遭到过别人的侵犯（虽然大多数都遭遇过这种不幸），但毫无例外的是，他们的童年生活都非常凄苦，得不到父母的呵护。因为他们从来没得到过始终如一的理解和善待，所以他们体会不到被人关心的感觉。这后来便成了他们攻击、侵犯别人的主要原因。

对精力旺盛的男孩进行引导

睾丸激素能使男孩精力旺盛，注意力集中。体内睾丸激素含量高的男孩通常具有很强的领导能力。在学校里，老师会发现，一些男孩要么是班里的英雄，要么就变成无可救药的坏学生，因为这样的孩子没有中间道路可选。这类男孩的与众不同之处在于：

- 勇于挑战，敢于竞争。
- 体格健壮。
- 精力充沛，活力四射。

如果老师能和这类男生成为朋友，引导他们把过剩的精力放在有意义的事情上，这些男孩就能茁壮成长，这也有利于在学校建立良好的氛围。但如果老师或父母忽视了这一点，失去耐心，不愿管教孩子，随他们胡作非为，孩子就会到处惹事，靠打败成年人来寻求内心的平衡，满足自己的自尊心。这样发展下去，问题就复杂了。我们应当认识到，这些男孩具有成为领导者的潜力，但是必须从小开始培养他们的领导能力。

小结

1. 尽管男孩体内睾丸激素的含量不同，但都会对男孩产生影响。它会使男孩的身高猛增，使他情绪高昂，使他不怕失败，敢于竞争。但同时他们也需要一个安全、有序的环境，需要明确的指导。

2. 睾丸激素会使男孩发生重大变化：

- 4 岁——男孩开始变得淘气、好动。
- 13 岁——男孩进入快速成长时期，缺乏目标。
- 14 岁——男孩遇到人生历程中的第一次考验，开始进入成年期的早期阶段。

3. 由于睾丸激素的存在，男孩希望知道谁是领导者，但是他也必须受到公平对待。不健康的环境只能给他带来最坏的影响。体内睾丸激素含量过高的男孩需要特殊的帮助，目的是培养他们的领导能力并引导他们把过剩的精力用于积极的方面。

4. 男孩要学会体会别人的感受和情绪。如果他是个充满同情心的人，

> 睾丸激素会使你成为真正的男人!

那么一定要让他感受到关爱和体贴。

5. 一些女孩体内的睾丸激素水平也比较高，但是，总体而言，睾丸激素还是男孩们的"专利"。这需要我们的理解，而不是责骂、奚落。睾丸激素等同于生命力，我们应该尊重它，使它朝着健康的方向发展。

令人惊叹的睾丸激素

- 在动物王国里，有一种土狼（鬣狗，身上带斑点）体内生来就有大量的睾丸激素，即使雌性幼狼也有阴茎（虽然只是摆设），阴唇则类似于睾丸。而且这种土狼一出生就有健全的牙齿。幼崽非常好斗，刚出生一两天，它们就互相厮打。

- 在多米尼加共和国，人们发现，在特殊条件下，睾丸激素不会在子宫内发挥作用，这是因为缺少酶的作用。这样的男孩出生时没有阴茎，也没有睾丸。事实上，他们看起来更像女孩，家长也以抚养女孩的方式来养育他们。

但是当男孩长到12岁左右的时候,他们体内就会产生睾丸激素。突然,这些男孩长出了阴茎和睾丸,声音也比以前浑厚了。除此之外,他们还出现了其他的男性特征。此时,他们变成了真正的男孩。到这个年纪,这些男孩才开始像男人一样生活。在他们国家,这些男孩被称为"12岁阴茎"男孩。

- 有种病叫先天肾上腺增生症。这种病使女孩还在母体子宫内发育时就有过多的睾丸激素,但是孩子一出生,这种情况就会得到矫正。尽管出生后她们的激素分泌会趋于正常,但是这些女孩在运动方面的表现超出一般女孩,她们更喜欢和男孩一起玩,偏爱玩具汽车和枪,喜欢穿男孩样式的衣服。

- 体内过高的睾丸激素水平与较高的数学运算能力以及左撇子有很大关系。此外,体内睾丸激素水平过高的人患哮喘或过敏症的概率高于常人。

- 研究表明,如果女性体内的雌激素水平和睾丸激素水平相当,那么雌激素会促使神经细胞之间产生更多的联系。女性大脑的体积较小,但是细胞之间联系紧密。

- 据调查,在威尔士的一些唱诗班中,男中音体内的睾丸激素水平比男高音的高。

- 做爱能提高睾丸激素水平。研究表明,做爱次数越多,水平越高;水平越高,做爱的欲望越强——至少几天一次!在体育比赛或政治活动中取得胜利能提高睾丸激素水平。如果长期背负压力或生活在孤独之中,睾丸激素水平会下降。这些现象会导致男性体内产生更多的雌激素,其行为会变得更女性化。

- 最后一个,事实表明——或许是所有这些现象中最让人感到惊奇的——在高等动物的发展过程中,生物特性和行为举止之间存在错综复杂的关系。准备好了吗?让我们一起来看看……

雌鼠经常舔雄性幼崽的生殖器,或许这有利于它们的大脑发育,使它们

第 3 章
睾丸激素

在思想和身体上都成为真正的雄性。

猜猜为什么雌鼠会舔幼崽的生殖器呢？原来雄性幼崽的尿液中含有睾丸激素。如果给雌性幼崽注射睾丸激素，母鼠同样会舔它们的生殖器！如果雄性幼崽被阉割，母鼠就不会再舔它们的生殖器了。

下一个该我了！

该我了！

下面还有更惊人的发现呢。被舔过的这些老鼠的脑垂体异常发达，不管它们是雌性还是雄性。在之后的岁月中，这些雌性老鼠的行为很像雄性。如果不再让母鼠舔幼崽的生殖器，而是每天让实验者用画笔抚摸它们的生殖器，长此以往，它们的大脑同样会发生变化。

在我看过的数百个研究中，或许这一现象让我们明白：在培养性格特点的过程中，先天和后天之间存在着复杂的相互作用。（这或许是我们能得出的唯一结论！）

自然界和社会会对我们产生影响，同时我们也会对自然界和社会造成影响。这种复杂的相互作用能造就既健康又有能力的男性和女性。

性别差异并不是自然而然产生的。我们知道，如果没有情感的影响和外界的刺激，孩子们不会顺利地成长，也不可能把他们的潜力全部发挥出来。我们必须懂得养育技巧，这样才能帮助孩子健康成长，才能更好地培养孩子的性格。

Raising Boys

第4章

男孩和女孩在大脑结构上的差别

Raising Boys

- 怎样通过面部表情来判断别人的内心感受。
- 怎样交朋友，加入别人正在玩的游戏或正在进行的谈话中。
- 怎样读懂自己的身体发出的信号，例如，知道自己什么时候会生气，需要单独待会儿。

教孩子学会这些技巧的过程就是帮助孩子大脑左右半球之间建立联系的过程。

第 4 章
男孩和女孩在大脑结构上的差别

奇妙的成长过程

在子宫内，胎儿大脑的发育异常迅速。开始时只有几个细胞，经过短短一两个月的发育，就能生长成最为复杂的细胞结构。到怀孕 6 个月的时候，胎儿就具备了惊人的能力（这些能力都受大脑的支配），例如能识别语言，能对动作做出反应，当妈妈不小心碰到肚子时，他甚至能踢一脚！通过超声波测试，我们能清楚地看到胎儿的嘴在动，好像是在妈妈的子宫里唱歌。

婴儿出生时，他的大脑还没有发育完全——仅仅发育了 1/3。经过很长一段时间后，大脑才能发育完全。例如语言中枢要等孩子长到 13 岁的时候才能发育完全。（这就是在小学阶段要一直要求男孩做朗读训练的原因。）

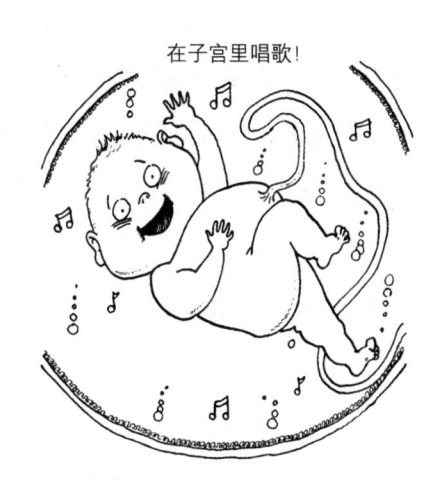

当胎儿还在母体中孕育时，男女胎儿在大脑结构上的差别就非常明显了。其中一个差别是，男孩大脑的发育速度明显慢于女孩大脑的发育速度。另一个差别是，男孩大脑的左右半球之间的联系少于女孩。

所有动物的大脑都由左右两个半球组成。对一些低等动物（比如蜥蜴或鸟）来说，它们两个大脑半球的结构是相同的。因此，即使受到重击，一侧大脑半球的部分结构遭到破坏，另一侧大脑半球也能照常运作，发挥另一半的功能。然而，人类就不一样了（人类需要思考的东西太多了），人类大脑的两个半球各司其职。一个半球负责语言和推理，另一个半球负责运动、感情以及对时空的定位。这两个大脑半球依靠神经纤维束相互连接，这个纤维束被称为胼胝体。男孩胼胝体的体积小于女孩胼胝体的体积——男孩左右脑之间的联系是非常少的。

近期的研究表明，男孩往往会对某些活动产生抵触情绪（比如拼词测验和猜字谜）。在进行这些活动时，他们只用一侧大脑半球思考，女孩却可以用两侧大脑半球同时思考。通过磁共振成像（MRI）脑部扫描技术可以清清楚楚地看到这一点：女孩的整个大脑都在思考，但是男孩只有一侧大脑半球的一部分在思考，此外女孩的脑细胞内有很多神经分支。（稍后我们会详细说明这一点。）

为什么会产生这种差别

婴儿出生前后，他们大脑的生长就像放在太阳底下的一盆紫花苜蓿，在不知不觉中发芽。大脑细胞生长的速度越来越快，彼此间不断建立起新的联系。对于所有婴儿而言，大脑左半球皮质的生长速度比右半球皮质的生长速度要慢，而男婴大脑皮质的生长速度更慢。女婴体内的雌激素促进了大脑细胞的快速发育。

男孩的大脑右半球不断发育、完善，试图与左半球建立联系。但是大脑

第4章 男孩和女孩在大脑结构上的差别

的左半球还没做好与右半球建立联系的准备,导致从右半球延伸到左半球的神经细胞无法进入左半球,只能返回右半球并连接到右半球上。因此,男孩大脑右半球的内部连接很发达,而与左半球的连接较少。或许这就是男孩擅长数学的原因,因为数学是大脑右半球负责的活动。(男孩对拆卸机器具有浓厚的兴趣,总喜欢把零件扔得满地都是!)但是,我们也不能过于夸大这些结论,因为有时候,父母的期望、教导以及社会压力都会影响孩子技能的发展和能力的培养。非常明确的一点是,后天的练习能帮助大脑建立起更多的联系。由此我们可以认定,鼓励和教导确实能影响大脑后天的发育,对大脑后天发育的形状和具备的能力造成影响。

不管这是由激素还是由环境引起的,毋庸置疑的一点是,在大脑结构方面,男女之间确实存在着差异。因为女性大脑半球之间的连接异常发达,所以中风的女性能很快恢复过来。相比之下,男性患者就没那么幸运了,他们的恢复过程比女性慢,而且不如女性恢复得彻底。当女性大脑的部分结构遭到破坏时,大脑半球之间丰富的连接就派上用场了。这些连接能代替被破坏的部分继续工作。学习成绩不好的女生和男生在同样的教导下,女生进步较快。或许这也是由我们上面所提到的原因造成的。此外,男孩在出生时大脑容易受到损坏。或许这可以解释,为什么如此多的男孩学习成绩不尽如人意,容易患上孤独症和一些精神方面的疾病。

男女之间在大脑结构上还存在其他差别,但是我们对这些差别知之甚少。通过解剖和电脑成像,我们已经发现,在大脑结构上,男女之间存在7个截然不同的区域。

> **小贴士**
>
> ## 学会交流
>
> 在日常生活中,交流至关重要。然而,可悲的是,在任何一个班级里,总有四五个儿童在听、说、读、写等方面存在困难。其中,男孩的数量远远多于女孩的数量,他们之间的比例是 4∶1!对此,人们认为,这都是因为男孩不善于组织语言。
>
> 即便如此,我们也不能听之任之,不采取任何补救措施。根据神经科学家珍妮·哈拉斯蒂博士等人的观点,如果你不希望自己的孩子在学习或语言方面遇到困难,那么你可以通过多方面的努力来帮助孩子。珍妮·哈拉斯蒂等人对交流障碍进行了深入的研究,取得了重大成功。
>
> 哈拉斯蒂博士发现,在女性大脑结构中,有两个区专门负责语言。这两个区的面积比男性大脑中负责语言的区大 20%~30%。为什么会存在这种差别呢?是在婴儿出生时就存在这种差异,还是因为女孩使用这两个区的次数比较多?没人知道这到底是什么原因造成的。但是不管是什么原因引起的,我们都明白,如果在适当的年龄给予孩子适当的训练,其大脑的接受力是很强的。就学习语言而言,最佳的学习时间是从出生到 8 岁。进入青春期和成年期后,我们还能继续学习,但是年龄越大,就越难改变大脑早期的连接。
>
> 家长要帮助孩子更好地提升交流方面的能力,而且一定要从娃娃抓起,只有这样他们入学后才不会在听、说、读、写上遇到障碍。下面就详细介绍家长应该怎样做。
>
> **1. 跟孩子说话——逐步进行。**
>
> 家长需要有意识地让孩子做口语训练,但一定要注意,讲话内容取决于孩子的年龄。1 岁以下的婴儿开始牙牙学语,开始手舞足蹈地比比画画。这预示着,他们已经可以开始学习语言交流了。这时应该教他们说单个的字。

- 如果牙牙学语的婴儿不停地重复同一个字,那么这个字代表的就是他们所指的某物。婴儿指着自己的玩具鸭说:"嘎!"这时,你应该说"鸭",并不停地重复,不久婴儿就会说"鸭"这个字了。
- 蹒跚学步的孩子已经学会说单个的字了,比如"奶"。这时,你应该对他说两个或更多个字组成的词,比如"奶瓶"。这可以帮助孩子在口语表达上继续前进,学会把单个的字组成词。
- 当孩子已经能说由两个或两个以上的词组成的词组时,你应该对他们说一个完整的句子。通过模仿,他们就能扩展自己的语言能力了。例如,他说"宝宝火车",你应该这样回答他们:"宝宝想要一列火车吗?"或:"这是宝宝的火车。"

总之,你在和孩子说话时,说的词应高于他们的语言能力,但是只能高出一个层次。这样继续下去,孩子的能力就能得到最大限度的提高。孩子喜欢这种游戏。所有人都喜欢交流。

2. 利用所有可利用的机会,给孩子解释他们看到的、听到的一切事物。

当你和孩子在一起时,例如一起旅行、做家务或散步时,你可以充分利用这些时间和孩子聊天,对他们感到好奇的事物做出解释,或者回答他们的问题。但是令人吃惊的是,一些父母(他们对孩子关怀备至)似乎并没有意识到,孩子大脑的发育是从谈话开始的。不要害羞,只管对孩子的疑问做出解释,信心十足地给孩子讲故事,开心地和他们聊天。例如:"看到这个控制杆了吗?有了它,雨刷就能工作了。它们能把落在玻璃上的雨水扫走。"或者说:"真空吸尘器能产生强大的气流。它吸入空气,同时把灰尘吸入袋子里。你想操作一下吗?"

假如你做得恰如其分,不会使孩子感到无聊,那么这种谈话非常有利于孩子大脑的发育。这种谈话发挥的作用甚至超过了以后的教育对孩子的影响。

3. 尽早开始给孩子读书。

孩子才刚满1岁，或许你认为和他一起分享读书的乐趣还为时过早。其实此时你完全可以和他一起读书了，特别是那种韵律强、适合背诵的书。"一闪一闪亮晶晶，满天都是小星星……"从那时起，孩子就喜欢上书了，喜欢看书里的插图，喜欢听你读书的声音。你可以边读边表演，时不时地制造一些可笑的声音，或通过肢体语言进行生动的表演。还有一点必须给予足够的关注，那就是在睡觉前，把孩子抱到腿上或搂着他陪他玩一会儿。

当孩子开始喜欢上某个故事时，你就可以开始使用一些小手段了，例如，让他猜猜："小猫跑到哪儿去了？"然后，稍微停顿一会儿，这时，孩子可能会学一声猫叫。预测是讲故事的过程中非常重要的一个环节，用心的读者会期待下一个词会是什么。

> 记住，和孩子玩智力游戏时，一定要耍点小把戏，而且这个小把戏必须好玩，能够开发孩子的智力。
>
> 这三点适用于所有的孩子，也会使他们受益匪浅。但是对男孩来说，在这个过程中，如果我们不帮忙，他们会遇到一些困难。这是他们的生理结构造成的，他们生来就对语言不敏感。但是不管怎样，整个过程还是其乐无穷的！
>
> 珍妮·哈拉斯蒂博士的建议是，如果你感觉自己的孩子在说话或语言发展（如果他的语言能力没有达到你的期望）上遇到了障碍，那么相信自己的直觉，与医生说明具体情形，寻求他们的专业帮助。对孩子来说，上语言治疗课是非常有趣的，并且能很好地治疗他们遇到的语言障碍。

为什么了解大脑结构很重要

对父母来说，知道男孩的大脑结构与女孩的不同很重要。知道了这一点，就能理解男孩在成长过程中遇到的一些实际困难，并能采取相应的措施来帮

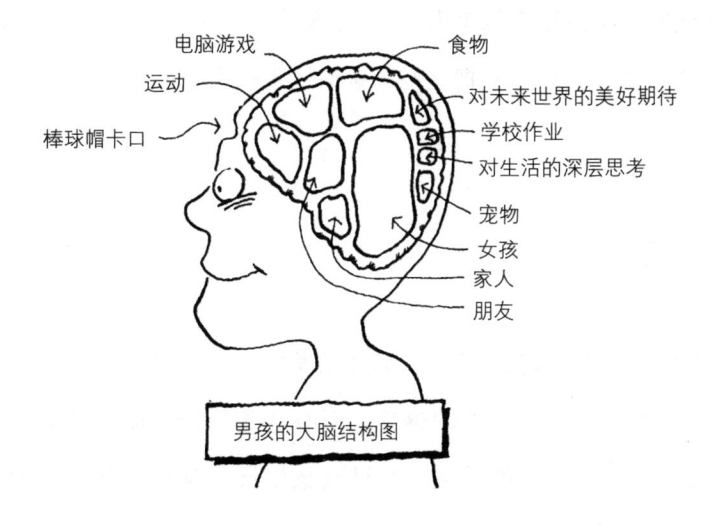

助他解决这些问题。

如果你的大脑左半球和右半球之间的联系不多,那么在做一些需要大脑左右半球相互配合才能完成的工作时,你一定会遇到困难。这涉及一些需要技巧才能做好的事,例如阅读、谈论感情,以及通过反省才能解决的问题等。这些问题是无法用拳头解决的!这些问题在你身上发生过吗?现在,你意识到这些大脑研究工作的重要性了吗?

危险!警惕性别思维定式

必须明确一点:男孩是不一样的。这一点至关重要!这很容易被一些人当作借口,更糟糕的想法是:"因此他们无能为力,无法改变现状。"同样,女孩作为一个整体,也被贴上了标签:"她们不擅长理工科","在一些需要负责任的工作上,她们太情绪化",等等。因此,一定要严肃对待下面几点:

- 对绝大多数人来说,这些只是细微差别。
- 这些区别只是一种发展趋势。
- 这些区别并不适用于每个人。
- 最重要的是,我们不必把这些区别看作男孩女孩的局限性。

促进大脑发育

我们能帮助男孩更好地阅读,明白无误地表达自己的想法,正确、及时地解决冲突,更好地体会别人的感受,所有这些都能帮助男孩成为大有作为的人。学校也制订了合理的计划,帮助女孩发展数学和科学方面的能力,以便她们以后有机会进入这些行业。现在,我们懂得了,我们能帮助男孩学好英语、戏剧和其他文科科目。这些科目能帮助他们更好地适应现代社会。("学校教育改革"一章介绍了一些更为有效的方法。)

我们的大脑可以说是潜力无穷、灵活性十足,可以不断学习新东西。父母能帮助男孩学会如何避免争斗,教会他们以更好的方式和其他男孩玩耍,或以更有效的方式解决纠纷。他们能帮助男孩学会以下技巧:

- 怎样通过面部表情来判断别人的内心感受;
- 怎样交朋友,加入别人正在玩的游戏或正在进行的谈话中;
- 怎样读懂自己身体发出的信号,例如,知道自己什么时候会生气,需要单独待会儿。

教孩子学会这些技巧的过程就是帮助孩子在大脑左右半球之间建立联系的过程。

在学校,男孩同样需要帮助。我认识的一位数学老师几乎每一节课都会举一些现实中的例子,引导学生突破常规,采用实践的方法解决问题。他发现,如果那些没有明确学习动力的学生在实践中了解这些例子,他们就能领会这些概念。他们正逐步把右脑的概念和左脑的理解能力联系起来——用他们的强项来克服自身的弱点。

为什么男孩应该比女孩入学晚

当孩子长到六七岁的时候,开始接受严格的学校教育。与女孩相比,在智力方面，男孩的发育有些缓慢，大约比女孩晚6～12个月，在完成精细动作所需的协调能力方面发育得尤为迟缓。具体来说，这些精细动作的协调能力就是运用手指的能力，包括拿钢笔和拿剪刀的能力。他们仍处在"粗放式发育"阶段，更渴望到处炫耀自己的肌肉，因此他们无法安安分分、老老实实地坐很长时间。

为了对此情况有更深入、更详细的了解，我们走访了多家教育机构（从澳大利亚的乡村学校到亚洲和欧洲的一些大型国际学校），得出了一个有代表性的结论，那就是，男孩的入学年龄应该往后推迟一年。但是非常明确的一点是，入学之前所有孩子都应该上幼儿园，因为无论男孩还是女孩都需要幼儿园这个大环境提供的激励，也需要体验怎样和别的伙伴相处。（因为父母需要好好地放松、休息！）但是，男孩在幼儿园的时间应该更长一些——长一年。因此对绝大多数入学后的男孩来说，这意味着，他们的年龄总是比同班女孩的年龄大一岁。这同样意味着，在智力方面，男孩已经和女孩站在同一起跑线上了。但是现在的学校体制对男孩和女孩的入学年龄并没有区别对待，这无形中对男孩造成了一定的伤害。男孩感觉自己是失败者，会对学习失去兴趣，而这仅仅是因为他们的大脑结构还没做好准备。

在小学阶段，男孩的运动神经仍在发育，从男孩平时的表现上，我们就可以看出这一点。但是对老师来说，特别是对那些负责一年级教学的老师来说，男孩这些表现是不当举动，是粗鲁的行为，因为他们每天都要面对这些顽皮捣蛋的男孩，已经不堪重负，所以他们没有余力来理解这一点。男孩认为，他们制作的手工作品、画的画和写的作文都比不上女孩，但他们也怀有一种想法——这也不是我的错！他们的注意力很快就会发生转移，特别是在没有男老师的情况下。他们认为："学校是女孩的天下，是她们待的地方。"

留心一下近期关于大脑的研究，我们就会发现，我们可以重新设计学校，使它成为男孩们也喜欢的地方。在专门讲述学校教育改革的一章里我们将对此进行详细论述。

男孩并不比女孩差——男女有别

男孩大脑的右半球比较发达，这使他们具有多方面的优势。他们对数学得心应手，对机械能力的掌握也毫不逊色。此外，他们的动手能力比较强，如果遇到操作上的问题，他们倾向于亲自动手解决。大脑的右半球负责处理情感和行动，因此绝大多数男性会采取行动，而绝大多数女性更愿意静静地沉思。对于男性来说，他们需要付出额外的努力才能调动大脑的左半球，找出合适的词来形容他们的感受。

澳大利亚女权主义者杰曼·格里尔指出，男性称霸很多领域，一些领域里的天才人物都是男性，即使他们的性格发展不健全，需要有专人照顾（通常是女性来照顾他们）。

在对男性抱有偏见的时代里，人们需要记住（同时要让男孩知道）：是男性发明了飞机，引发了战争，铺设了铁轨，发明了汽车，建成了医院，使船只驶向大海，是男人使这一切变为现实。在世界很多地方都有句俗语："女人能顶半边天。"但是，毋庸置疑，另一半天是男人撑起来的。

帮助男孩提高情商

你听说过情商（EQ）吧？简单地说，在当今世界，不管你有多聪明，学业有多出色，只要你无法与人和睦相处，成功就与你无缘。职场如此，日常生活也是如此。

情商体现在两个方面，一是能够感知自己的情绪，二是能够感知他人的情绪。当然，两者是紧密相连的。

父母应如何让男孩拥有社交技能和高情商呢？你可能想象不出。

我先说一件事。

一天，我去了一个小镇，当晚准备做一场关于《养育男孩》的演讲。

我从旅店出来买午餐。离开商店时，我看到一位年轻的妈妈领着一个小男孩，男孩三四岁。年轻的妈妈一手拎着买到的东西，一手拉着男孩的小手。就在他们走出屋檐时，天上突然下起了大雨。年轻的妈妈弯下腰对男孩说："哈！我们得跑起来了！来吧！"她笑了起来，男孩也笑了起来。转眼间，母子俩就没了影。

我真希望我就是那个小男孩！他的妈妈非常爱他，也懂他的心。尽管她可能很忙，但她乐在其中。这种相处方式很愉快，而且对孩子的成长大有裨益！

我曾经对听众讲，孩子需要的是以陪孩子为乐的大人。这种快乐是我们在面对幼儿乃至大孩子时所应当展现出的情绪。它不是装出来的，因为这么做本身就乐趣多多。在这样的情况下，我们的表情是丰富的，眼里是有神的，生活也是轻松愉快的。当然，我们也会遇到紧急情况，不能总是这么开心，但我们喜欢陪孩子玩的本性是不会变的。（有必要问问自己，你是真的喜欢你的孩子，还是只是在履行自己的义务。）

第 4 章
男孩和女孩在大脑结构上的差别

在儿童发展的神经科学机制方面造诣深厚的著名心理学家艾伦·肖勒教授发现，当孩子看到我们脸上露出快乐和感兴趣的表情时，他们的额叶皮层就会做出反应，产生更多神经连接，其体积也会增大。也就是说，他们能把我们这种快乐的能力"吸收"进自己的大脑。他们能借助我们的关爱来"调节"自己的情绪，慢慢地，他们就能独立地做到这一点。我们能通过完全放松地与孩子互动来帮助他们拓展情感体验的范围，增强他们在情感上的舒适度。简单地说，就是要温柔，要有趣。关爱与玩耍是大脑发育的强力催化剂。

然而，很多小男孩的成长环境却正好相反，这非常悲哀。几天后，我去了海边的另一座小镇。那是一个安静且美好的下午，我正在一家咖啡馆里，望着窗外的海滩。这时，我看到一位父亲——我猜他是位父亲——遛着一条小狗，身后跟着他年幼的儿子。然而，他却完全不理会那个小男孩，只是径直往前走，一言不发。小男孩走近他，跟他搭话，他仍旧无动于衷。

看起来，小男孩在他眼里像是个累赘。我真想走过去训斥他："你能有这样一个孩子多幸运，为什么你不好好待他？你父亲也对你不理不睬吗？你不知道该怎样陪孩子吗？"

我没有这么做，我只是觉得非常难过。那个男孩心里一定很难受，他未来的生活也很可能是黯淡无光的。我帮助过一些正在服刑的父亲，毫不奇怪的是，他们都有冷漠、暴躁且惯于指责的父亲，孩子无论做什么都无法让他们满意，而这些孩子最后都进了监狱。其中显然存在某种关联。

当然，我们不能用这样的刻板印象来看待父亲们，温柔的慈父和冷漠的严母也是有的。但是，我多年来一直在呼吁，父亲们要在孩子身上倾注更多心力。因为许多父亲只管挣钱，与孩子非常疏远。直到近年来，这一情形才有所改观。亲近孩子的父亲们发现，陪伴孩子的感觉其实非常美妙，并且开始更加看重这件事。而孩子们也深受其益。

与父亲疏远的女孩缺少自我价值感,而与父亲疏远的男孩甚至不知该如何成为一名成年男性,因为他们看到的只是一张冷漠的脸孔!

健康的心理来自我们经历过的美好,就像大树所需的营养来自充足的水分和肥沃的土壤。如果我们爱孩子,陪孩子玩耍,孩子就会茁壮成长。当困难来临,甚至当我们不再与孩子生活在一起的时候,孩子的心里、骨子里还会有记忆——我是被爱着的,我知道我很重要,我有价值。这是无法用金钱衡量的宝贵财富!

情商的根基是被爱的记忆,是对他人的共情和与他人的情感联结,但这只是开始。

孩子还需要学习很多技能以运用于现实生活。从大概4岁起,这就是你的任务了,即养育一个友善的男孩。

(本节译者:美同)

交朋友

交朋友是童年的一大主题,但有的男孩并不擅长交朋友或维持友谊。他们可能比较孤僻,甚至会成为霸凌的对象,因为他们不知道还能用什么方式跟别的孩子打交道。对于这个问题,我们是可以帮忙的,下面我就谈谈该如何做。

该领域的研究者发现,孩子在成长过程中会逐步掌握6大技能。不要被这一数字吓到,因为孩子4岁到12岁时你都能帮忙,时间非常充裕!而且,男孩一般只会有1~2个弱项,你只需有针对性地给予帮助。这真的不难。

你可以把下面这些事项解释给孩子听,并帮他付诸实践,让他成为一个益友,从而引来其他益友。

1. 珍视友谊

要想做到珍视友谊，你就得让孩子想想友谊是如何让他的生活变得更有趣、更有温情的。这是一种可以培养的技能。你可以先鼓励儿子想想：在他身边的孩子里，谁是益友，谁是损友？用益友的标准来衡量，他会给自己打几分？（虽然有些孩子天生内向，不愿意跟别人打交道，但几乎所有人都需要一些友谊。当这样的需求出现时，他至少得知道应当怎样做。）

2. 分享玩具与轮流玩

对幼儿来说，分享很难，我是不会期待3岁以下的孩子做出这种行为的。学步期的孩子即便聚在一起也是各玩各的，而不是一起玩，大人还得在场"维和"。3岁后，你才可以引导孩子去分享。

在玩耍前，跟你的儿子聊聊，温柔地提醒他分享玩具和轮流玩能让他越玩越高兴。告诉孩子，如果所有人都能享受到玩耍的快乐，那么大家就可以一直玩下去！

3. 驯服情绪的洪水猛兽

有时，玩耍会玩出矛盾，所以你得引导孩子在玩得不顺心的时候控制自己的脾气。孩子三四岁时，告诉他生气时要深呼吸一分钟，让自己冷静下来，同时仔细察觉自己的身体有什么反应。然后就这样一直待着，直到全身放松下来再继续玩。我们稍后还会讨论这个问题。

如果遇到大问题，比如别的孩子打人或者不愿意分享玩具，你就要引导你的儿子用语言让玩伴知道这一点。没准对方是无意的。

4. 真诚道歉

只有真诚的道歉才是道歉。自己不感到抱歉，道歉就没有用。不要让你的儿子在明显没有歉意的时候道歉。他会明白，如果继续那么做可能会失去朋友，这时他才会感到抱歉。

玩耍本就是一件无法完全预知后果的事，谁都会犯错，例如自私自利、举止粗暴，或者因为正在兴头上而忽视了他人的感受。如果你的儿子犯了错，把他带到一边，告诉他伤害可能已经造成，他必须做出弥补，把对方的好感找回来。有时，友谊不修复就会破裂。

以下技能或许更适合4岁以上的男孩学习。

5. 察觉他人的感受

问问你的儿子：他能从哪些表情和动作看出别人不高兴了？他最好的朋友难过时是什么样子？他是怎么看出来的？他能从哪里看出对方生气或害怕了？如果他在对方身上看到了这些表现，那么他就要停下来，甚至可以问问对方怎么了。

6. 知道何时给予信任，何时不这样做

这个问题很重要。有时，孩子的一些朋友尚未学会做一个可靠的人，所以孩子可能暂时还不能把他的玩具或安全托付给他们。孩子可以跟别人做朋友，却不必模仿他们的行为（这一点非常重要，因为男孩进入青春期后会有许多冒险行为）。做朋友不必看法一致，如果孩子觉得自己是对的，那么就应该去跟朋友聊聊。不少年轻人正是因为听了朋友的劝告才没有去做那些危险或愚蠢的事情，从而保住了自己的性命。是朋友就该这样做。

（本节译者：美同）

认识自己

4岁的汤米在幼儿园惹了麻烦，于是老师请他的父母到园里谈谈。事情并不复杂。汤米总是打别的孩子，跟别的孩子起冲突。他做过检查，视力和听力都正常，也没有患孤独症或注意缺陷多动障碍（ADHD）。他只是很难处理或表达他强烈的情绪。

最新的性别差异研究发现，男孩和女孩在这一方面存在显著差异。女孩的情绪容易"内爆"，而男孩的情绪则容易"外爆"。这两点都是问题，不过我们可以采取措施来纠正。女孩常常感到悲伤和压抑，容易批判自我，可能需要帮助来确认她们此时是否应该愤怒。男孩常常打人，骂人，怒气冲冲，而这一切的背后却可能是悲伤或恐惧。你是否有这样的感觉？你能在你的生活里想起这样的例子吗？

我认识的一个小男孩打了他最好的朋友，大人颇费了一番功夫才弄清楚事情的起因，这还要归功于他的母亲小声问了他一个极有价值的问题："在你打他之前发生了什么事情？"

原来，他的朋友告诉他自己要搬到别的城市！这个小男孩就要失去他最喜欢的朋友了，所以他真的非常难过。（男孩一般只有一个最好的朋友，而女孩一般有两三个。）然而，他没有说："我很难过。"而是把这种情绪转变成了愤怒。这一幕令人动容，也发人深省。想一想：这世上究竟有多少男性在难过或恐惧时会变得暴跳如雷？这样下去，他们的友情或婚姻又会遭到怎样的破坏？

在这一方面，最新的情绪作用机制研究有了许多新发现。我们现在已经知道，情绪不会无缘无故地产生，它最初是我们身体的某种感觉。

所以，我们并不是因为难过才哭泣，至少不完全是。事实恰好相反。我们是因为哭泣才意识到自己难过！同样的，我们是因为发抖才发现自己感到恐惧。凡此种种，不一而足。

男孩向来不擅辨认自己的情绪，然而我从经验中发现，男孩和成年男性，常常能较为清楚地说出自己身体的感觉。这一点对纠正男孩的"外爆"倾向非常有用。

你可以借助一些练习来教你的儿子辨认他躯体的感觉。

你可以见缝插针地问孩子下面这些问题。语气要轻松，不要太沉重、太严肃，不过还是要集中精神。

1. 想象你非常快乐。（给孩子一些时间在脑海里呈现出快乐的画面。）这种快乐在你身体的哪个部位？它是活动的，还是静止的？它让你的身体产生了什么样的感觉？

2. 想象你最喜欢的一个人。想着他的时候，这种喜欢在你身体的哪个部位？它让你的身体产生了什么样的感觉？

3. 想象你很讨厌的一个人，例如你很讨厌他的举止。这种讨厌在你身体的哪个部位？如果它有颜色，那么它是哪种颜色？

4. 想象你是森林里的一头猛虎，这时你的身体里有什么感觉？

5. 想象你是一只毛茸茸的小鸭子，暖暖地伏在鸭妈妈身下，这时你的身体里有什么感觉？

很快，你的儿子就能随时随地地深入自己的内心，了解自己内心真正的想法和感受了。当你有了自我意识，你就能主动掌控自己的行为，而不只是被动反应了。

这句话非常有用："我心里有个＿＿＿＿＿的小人儿。"

这样一来，我们就会注意到"我心里有个愤怒的小人儿"，或者"我心里有个害怕的小人儿"。试一试，如果你说"我很生气"，那么这种感觉就像是"我从头到脚都在生气"，"我被愤怒淹没了"。但是如果你说"我心里有个愤怒的小人儿"，感觉就不会那么糟，愤怒就不会把你整个儿吞掉，你就可以从愤怒中跳出来，做一个冷静的观察者。

这么做也暗示了我们可以同时拥有两种感受！我们心里既有勇敢的小人儿，也有怯懦的小人儿！我们要理解那个怯懦的小人儿，它想让我们远离危险。在某些情况下，也许我们应该让它来做主角。而在另一些情况下，我们最好换勇敢的小人儿走上前台，例如在看牙医的时候。想象你是一头凶猛的狮子，一口就能把别人的脑袋咬掉！这时你的身体里有什么感觉？很好，现在坐到治疗椅上面去！（但是千万别咬牙医！）

一定要善待你心里的所有小人儿，然后你才能知道此时该让谁来掌控局面。

（本节译者：美同）

新男性

这个世界已经今非昔比，它已不再需要那些勇于和水牛摔跤的大力士了。在现代世界里，体力劳动失去了以往的地位，变得越来越不重要。现在，男性的体力和精力需要转移到另一种工作上去。这意味着，男孩的思考方式和做事技巧是不适应这个社会的，只有当他们具备一定的语言技巧和情感处理技巧，他们才能成为现代社会所需要的"超级男孩"，这样他们才能在各个领域所向披靡，战无不胜。

只要想想，我们就会知道，历史上的伟人实际上都是这样的人，例如甘地、马丁·路德·金等。他们勇气十足，意志坚定，高度敏感，关爱他人。具备这样性格的人定会闯出一片天地，这样的人正是今天我们这个社会所急需的人才。

小结

雄性激素和雄性基因造成了男女的差异,这一点应引起人们的广泛注意,并以实际有效的方式慎重对待。那么,你应该怎样帮助你的小男孩成长为"新男性"呢?下面对此进行了总结。

因为男孩通常:		所以我们需要:
易患分离焦虑症。	⇨	让他们感受到父母的爱,尽量不和他们分开,例如3岁之前不要把他们送到幼儿园。
长到14岁左右时,体内的睾丸激素会使他们焦虑不安,时常陷入与别人的争论之中。	⇨	平静地指导他们——以理服人,先让他们平静下来,而不是对他们大声吼叫,或打骂他们。父母必须清楚一点:父母必须身体力行,给他们树立一个好榜样,绝不能威胁他们。父亲应该是孩子效仿的榜样,他们应该让孩子懂得尊重母亲。
长到13岁左右时一切开始变得混乱无序(女孩同样如此)。	⇨	教会他们井井有条地做事,比如整理房间、做家务、参加学校组织的活动。
精力过于旺盛,需要发泄出来。	⇨	保证他们有充足的时间和空间进行锻炼。
大脑的发育速度比女孩缓慢,因此在早年阶段,他无法做一些精细动作。	⇨	将他们的入学年龄往后推迟一年,直到他们能灵活地使用剪刀、懂得如何握笔为止。
大脑左右半球之间的联系较少,特别是语言区和感官区之间。	⇨	给他们朗读,给他们讲故事,平时多和他们说话,给他们解释事物。1~8岁这段时间内,这点尤为重要。
需要明确的规则,需要知道谁负责管理他们。	⇨	在家和学校给他们创造安静有序的环境。学校应杜绝恐吓等不良现象的发生。
体魄强健。	⇨	让他们知道,不能攻击别人,同时也应该让他们学会交流。
做事前不谨慎思考,不顾后果。	⇨	以朋友的方式和他们聊天,谈谈解决问题的方式、如何做出选择,以及在他们所处的生活环境中他们能做些什么。

Raising Boys

第5章

父亲应该做些什么

Raising Boys

- 绝大多数男孩喜欢运动，喜欢和父亲一起玩。他喜欢拥抱父亲，和父亲打闹。（如果你不喜欢，那你也太冷漠了！）
- 他喜欢和父亲一起探险，一起体验更大、更广阔的世界。他还需要安全感，因为父亲看上去高大魁梧、无所不能（即使有时父亲不这么认为）。
- 他喜欢听父亲讲父亲自己小时候的故事，想见父亲的朋友，也想知道父亲是怎样挣钱养家的。
- 他喜欢父亲教他一些实实在在的东西。如果你不懂钓鱼，不知道怎样制作一些小东西，也不知道如何修理玩具车等，你们可以一起学习。这取决于你想不想尝试。

第 5 章
父亲应该做些什么

我的女儿出生了,是紧急剖宫产。那时,我又喜又怕,紧紧地抱住我的妻子沙伦和孩子——没人能带走她们!

几天后,当沙伦从昏迷中醒来时,我正睡在医院为病人家属准备的简易床上,婴儿被包在小被子里,睡在我身边。半夜两点护士换班时,一个护士冒冒失失地闯进来,把孩子吵醒了,随即是一阵清脆的哭声。护士有时会把沙伦叫到一旁,问她:"这是你想要的?"沙伦笑着说:"当然是!"

努力做个好父亲

要做个好父亲,你必须付出许多努力,这是现代社会给父亲们的考验。看上去,这个世界并不希望你成为父亲或母亲,而是更愿意你待在办公室里加班,让别人替你教孩子打球,教他们弹钢琴,让他们相信自己。你只要挣钱养家,为这类服务付费,表现得像个好男人就可以了。

可喜的是,父亲们正想方设法参与到家庭生活中来,而且他们也很受家庭成员的欢迎。毕竟在 20 世纪,怎样做个好父亲没有规则可循。虽然我们的父辈之中也不乏好父亲,但是在那个时代,绝大多数父亲不是通过陪孩子玩、拥抱孩子、和他们聊他们真正喜欢的事或者教他们做他们喜欢的事来表达父爱,而是通过工作来表达自己对孩子的爱。大部分父亲是非常暴躁可怕的,

> 我想我该做点什么!

很多人还酗酒成性。他们中的一些人受到了战争的影响，战争给他们留下了阴影，孩子或者其他人很难接近他们。还有一些人离家出走，再也没回来。因此，当我们成为父亲，开始教导自己的孩子时，我们会有一种奇怪、陌生的感觉，因为我们不知道好父亲应该是什么样子的。我们所拥有的只是一些不连贯的东西，就像失去了很多锯齿的锯。

这种情况正在好转。例如，在英国，与 20 世纪 60 年代相比，现在父亲与孩子待在一起的时间是那时的 4 倍。只要你想尝试，你就能有所成就。丈夫千万不要把责任全推到妻子身上。事实上，对孩子来说，父亲的爱护和教导是独一无二、无可替代的。你做得越多，你做父亲的天赋就越能得到发挥，最终你就能形成自己独特的养育方式。再没有比养育出优秀的孩子更能使你感到满足的事了。

多与孩子相处

其实，养育男孩并不难。下面是一些提示：

- 绝大多数男孩喜欢运动，喜欢和父亲一起玩。他喜欢拥抱父亲，和父亲打闹。（如果你不喜欢，那你也太冷漠了！）
- 他喜欢和你一起探险，一起体验更大、更广阔的世界。他还需要安全感，因为父亲看上去高大魁梧、无所不能（即使有时父亲不这么认为）。
- 他喜欢听父亲讲父亲自己小时候的故事，想见父亲的朋友，也想知道父亲是怎样挣钱养家的。

- 他喜欢父亲教他一些实实在在的东西。如果你不懂钓鱼，不知道怎样制作一些小东西，也不知道如何修理玩具车等，你们可以一起学习。这取决于你想不想尝试。

孩子会学习父亲的言谈举止

孩子会学习你的一言一行、一举一动（甚至到了令人惊讶的地步）。我的一个朋友开车带孩子出去玩时，他们在红灯前停下来等，这时，一个来自其他地区的家庭闯了过去。这时，我朋友的孩子突然口吐秽言。（在此不适合讲出来。）我的朋友听出来了，这是他曾经说过的话。听到孩子说出这样的话，他感到异常震惊。对他来说，这是不能接受的。他在一个可以停车的地方把车停在了路边。他告诉孩子，自己当初不该说这样的话，也不希望孩子以后再说这样的话。

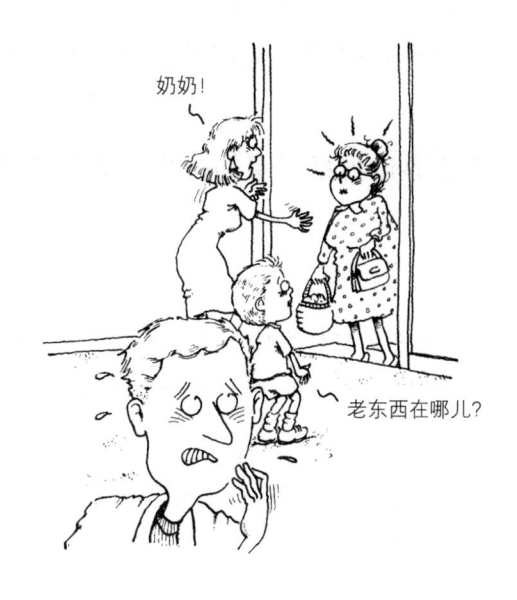

孩子通过观察父亲的行为来学习如何爱别人

孩子甚至会通过观察你的举动来学习如何表达自己的爱。当你向妻子表达自己的关怀、哄妻子开心的时候，当你说出自己的浓浓爱意或与妻子拥抱、亲吻时，在无形之中，孩子都在向父亲学习。当我和妻子拥抱时，女儿总会挤进来。她喜欢被我们两个包围的感觉。当你们独处，悄悄地关上卧室的门时，孩子甚至也会从父母的这种行动中学会爱，这种爱是神圣的、崇高的。

父亲应该尊重妻子，这一点非常重要。因此，父亲应该自重，不要辱骂、蔑视妻子，必要时只要表明自己的观点就可以了。儿子需要看到的不仅仅是尊重女性，还要让他知道，男人遇事时同样能心平气和地商量，而不必动用武力。男孩不仅能听到父亲的意见，还会有自己的观点，并且会坚持让父母听听自己的想法。儿子讨厌看见父亲有失绅士风度。

孩子通过观察父亲的行为来学习如何感受一切

孩子会通过观察你的行为来学习如何感受一切。但是，他们首先需要知道，父亲是如何表达悲伤、生气、高兴和恐惧的。

悲伤	当亲人去世时，或是遇到令人失望的事时
生气	当受到不公平的对待时
高兴	当一切进展顺利时
恐惧	当遇到危险时

我们在流露感情时没有必要避开孩子，因为孩子必须知道自己的父母是有感情的人。如果父母发脾气时对孩子大喊大叫，就会使孩子感到害怕，没有安全感。父母生气时应该说出自己的委屈、自己的感受，而不是去和别人打架，或者在家里大发脾气，乱砸东西。当我们感到害怕时，我们可以说出来，让家人一起承担，而不应该陷入慌乱之中。当我们感到悲伤时，我们可以说出来，甚至哭出来，而不是变成胆小鬼。

男人感到不安时，通常会把注意力转移到令他们感到轻松的事情上去。

对于男人来说，发怒通常是令他们感到最舒服的事情。当你的小男孩在购物中心迷了路，或十几岁的孩子做了一件极其愚蠢的事而差点出危险时，做父亲的可以说："我可吓坏了！"这样会帮助孩子走出恐惧，比对着孩子大声吼叫或者摔门砸墙好多了。当男人过度伤心时，他们会表现得愤怒甚至高兴。孩子会对父亲的表现感到迷惑，不知道父亲到底是高兴还是生气。

男孩会试图把内心的感受和外在的行为表现联系起来。因此，他们需要向父亲或其他男人学习怎样才能把两者结合起来。

向孩子展示自己的内心感受

今年早些时候，发生了一件让我感到特别悲伤的事，我想哭出来，但是我12岁的儿子也在屋里，我很犹豫，最终忍住了。事情是这样的，早上我接了个电话，得知我的一个好朋友到了癌症晚期。我震惊极了。放下电话，我极力控制即将夺眶而出的眼泪。我回到卧室，心想："这样做合适吗？这是我想让孩子看到的吗？"然后我有答案了：是的，让他看到我伤心的样子对他的成长是有利无害的。

我对妻子说，我想抱抱她。我抱着她哭了，无声地啜泣。这时儿子走过来，把手放在我的肩膀上，轻轻地拍打着安慰我。我们一家三口站在那里，紧紧拥抱着。真是太奇妙了，没想到事情会变得这么美好。

或许让他看到这些意味着某天当他也遇到类似情况时，他就知道如何去释放自己的眼泪。我不希望孩子在遇到事情时把自己封闭起来，也不希望当他遇到会与自己相伴终生的女孩时感到手足无措。我想，他不会的。（来自托尼的一封信。）

不管婚姻出现什么问题，都不要抛弃孩子

离婚会对孩子造成巨大的打击，会破坏他对父亲怀抱的希望和梦想。离婚后，一些男人感到极度悲伤，无法和妻儿保持正常的联系。但是，不管你的婚姻出了什么问题，都不要脱离孩子的生活圈，这一点至关重要。我采访过一些离婚后不再见孩子的男人，他们以为，离婚后只要自己不再和孩子保持联系，那么孩子很快就会忘记那段令人伤心的时光。事实证明，他们错了。他们也为自己当初的决定深感后悔。

那个戴面具的男人是谁？

为了让孩子能健康成长，一定要善待自己的伴侣，给对方一定的空间和时间以及足够的关心，努力保持亲密的夫妻关系，即使有时你不想这么做。否则，到了家庭分裂的那一天，一切都悔之晚矣。

打闹游戏

很多国家都研究过父亲特有的一种行为——父亲喜欢和小男孩打成一团，他们无法控制自己不和孩子打闹。来自悉尼的顾问保罗·怀特说得更直接："要和男孩相处，一定要学会摔跤！"

长久以来，没人明白这一点，尤其是母亲，通常她们会费尽心思让孩子平静下来，而父亲会再次把他们鼓动起来，和他们打成一团！但是研究发现，孩子在打闹中学到的东西对他们以后的成长具有深远意义，这是为了成为真

正的男人必须经历的一课:知道怎样玩得开心,怎样制造噪声,甚至怎样使自己生气;同时,他们也应该知道什么时候必须结束。对男人来说,顺应睾丸激素的生理特性是非常关键的。如果你是男性,就必须学会如何使它发挥作用。

对男性意义重大的一课:知道什么时候应该结束

如果在男孩三四岁的时候,你曾和他打闹过,那你就知道,开始时,小男孩会很高兴,但一两分钟后,他们就会失去兴趣,变得愤怒。他们会高高昂起头,以示抗议,还会紧皱眉头,(如果你还没注意到他们的警告信号)开始用肘推挤,用膝撞击。哎哟!痛呀!

细心的父亲会在适当的时候停下来。打住!打住!停!然后,你可以给他上一课:不要大声吼叫,只需平静地解释就可以。

"你的身体是宝贵的(指着他的身体),我的身体也是宝贵的。如果有一方受伤,我们就不能再玩这个游戏了。因此,我们需要制订一些规则,例如不能用肘推挤,也不能用膝撞击,更不能用拳头猛击对方!明白吗?你能做到吗?"(一个小技巧:最好说"你能做到吗",而不是"你会遵守这些规则吗",这样听起来更委婉。对于像"你能做到吗"这样的问题,任何一个小男孩都不会说"不"。)然后你们就可以重新开始打闹了。小男孩学会了一个最重要的生活技巧,那

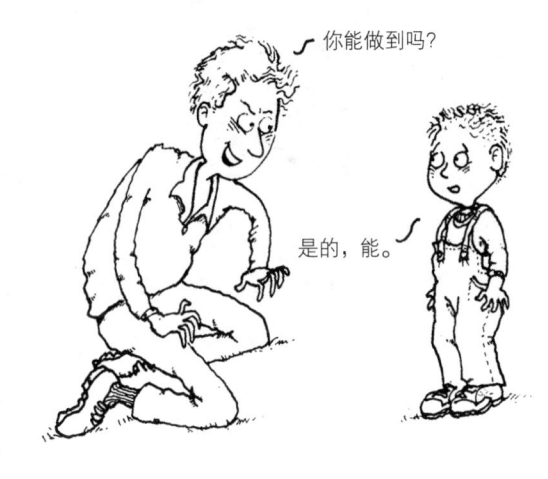

就是自控力。学会了这一点,我们就不必为他们的无理和兴奋担心,因为这时他们已经知道什么时候该停下了。对男人来说,知道这一点是非常重要的。在生活中,他必须知道怎样才能不失去理智,特别是当他感到愤怒、疲惫或沮丧时。

为了维持婚姻,如果生活中出现问题,妻子应该和丈夫面对面地解决问题,双方都可以声嘶力竭地吼叫!这被称为"真理时间"——让以往存在的分歧成为过眼云烟的时间。

对于女性而言,她们不适合和男人展开这种诚实、激烈的讨论,除非她认为这个男人绝对可靠。她需要明确一点,那就是自己永远不会受到攻击,同时男性也应该明白,自己不会伤害她。但是对一些夫妇来说,事情正好相反!

这是好男人的衡量标准。真正的男人应该能为自己和自己的行为负责。在男孩和父亲打闹的过程中,他学会了这一点,至少是学会了一部分。

父亲该做什么

文/杰克·坎默

我认为当时的做法很危险。那是1992年6月,我正在洛杉矶。天越来越黑。

第5章
父亲应该做些什么

束手无策、孤独无依的我拉着笨重的行李箱走在华盛顿大街上。这条街位于林肯大街的东边。我找不到电话，也没有出租车，时间不多了，我怕不能在登机前赶到洛杉矶国际机场。我认为这是个机会，我应该抓住这个机会。我朝3个西班牙青年走去，他们正站在他们的车外，车子停在一个快餐店的停车场外。

先向大家交代一下事情的来龙去脉。我在棕榈泉住了4天，参加一个专属于男人的大会，与会者都是想解决那些世界范围内存在的根深蒂固的问题，以及那些正在出现并日益恶化的问题的人。我们是几条在小池塘里游泳的大鱼，有人把这称为男人的运动。我们也同意这样的观点：现在急需的是把强壮、高尚、爱心、教养以及健康的能量输入麻痹、无能、病态的美国男人的身体里去。对于父亲的重要性，尤其是对父亲的生活原型和在现实中的角色，我们谈论了很多。

现在重新回到快餐店停车场，我有些忐忑地朝3个年轻人走去，他们都是棕皮肤、黑头发。

"你们好。我正赶着去洛杉矶机场，但是时间快来不及了。我找不到电话，也找不到出租车。你们愿意送我去机场吗？要多少钱？"我镇静地说着我的遭遇。

他们互相看了看。其中一个穿白T恤的小伙子对另一个人说："去吧，老大。"这个人肯定是司机，但是他犹豫不决。

我说："说个价吧，说个你们觉得值得跑一趟的价。"

他直直地看着我，说："7美元。"

"我给你20美元。"

"我们去吧，老大。"穿白T恤的那个小伙子说。司机点了点头，开动了车子。

"你可以把行李箱放这儿。"

"不了，谢谢。"我直截了当地回答他。我头脑中出现了这样一幅画面：

乘客两手空空地被赶下车。因此，我宁愿把它带在身边。

"好吧。"穿白T恤的小伙子说。

我感觉把自己的性命交给了他们，希望他们是"好男孩"。我想，我们应该朝西向林肯大街方向行驶，但是我们却在向东奔去。怎么回事？

但是，不一会儿，车又朝南拐去，不久我们就到了高速公路上。我知道自己接下来的做法有些愚蠢，我掏出钱包，抽出20美元，然后对开车的小伙子说："这是钱，我想现在把车费给你。"那个小伙子接过钱，面露微笑，说了声"谢谢"。

"我在这里下车，"我说，"我不敢保证你们能把我安全送到。"

穿白T恤的小伙子也坐在后座上，行李箱就在我和他之间。他笑着说："放心，我们都是好青年。"

我点了点头，耸了耸肩。"希望如此，因为如果你们不是好青年，那我的麻烦就大了，不是吗？"

他们都笑了起来，接着那个穿白T恤的小伙子大声问道："你来自哪里？"

"巴尔的摩。"我说。

"哎哟，一个充满魅力的东部城市。人们都这样说：欣欣向荣，机会多多。"

我笑着点了点头，说："是啊，充满诱惑的地方。不过洛杉矶才是我们向往的天堂。"

"这儿的生活可不容易。"穿白T恤的青年说。很明显，他是他们三个的发言人。

在这辆车里，我们可以验证一下会上讨论过的问题。

我问道："你们多大了？"

通过他们的回答，我知道，他们十六七岁，都在上学，同时做着兼职。穿白T恤的青年和开车的青年在饭店工作。但是那个安静地在一边玩鸟枪的青年一直没开口说话。

第 5 章
父亲应该做些什么

"告诉我一些关于团伙的事吧。在你们学校里存在团伙吗?"

"团伙到处都有。在任何一个地方都能见到它的踪迹。团伙很火的。"

"你们加入团伙了吗?"我问道。

"我们才不加入呢。"

"为什么不加入呢?"我好奇地问道。

"因为没前途可言。万一入了团伙,肯定会挨枪子儿的。"

"是的,那你们希望以后过什么样的生活呢?"

"不知道。我只想在我的人生中能拥有属于自己的未来,能做些什么事。"

"那你们和那些加入了团伙的有什么不同吗?"

"不知道。我们只是不想入伙。"

"为什么不想入呢?有什么区别吗?"我逐渐往下追问。

我停了一会儿,而后,突然问了一个问题:"你们的父亲做什么?你们和父亲住在一起吗?"我问和我并排坐在后座上的那个穿白T恤的男青年。

"我和父亲住在一起。"

"那你呢?"我问那个开车的男青年。

"是,我有父亲。"

"和你住一起吗?"

"是的。"

这时,那个一直玩枪的男青年说:"我也有父亲。"

"那么,那些入了团伙的男孩呢?他们的父亲和他们住在一起吗?"

"这是不可能的。他们的父亲都不和他们住在一起。"

"因此,或许是否和父亲住在一起确实会对他们造成一定的影响?"我问。

"这是绝对的,绝对的。"

"为什么?"我接着问道,"父亲在孩子的成长过程中到底起到了什么作用呢?"

开车的男孩和玩枪的男孩说:"他们会一直陪着你、支持你,无论什么时候都会和你站在同一战线上,还会教你认识很多东西。"

他们把我安全准时地送到了机场,开车的小伙子甚至想把我送进航站楼。

在棕榈泉开会时,我遇到了18位了不起的男人。他们的智慧让我敬佩,他们为促进全世界男孩的健康成长献计献策,不辞辛苦,为此我深表感激。但是,我在旅途中遇到的最了不起的人是那3个小伙子——帕布鲁、胡安和理查德。他们之所以了不起,是因为尽管面对着种种诱惑,他们还是努力往健康的方向发展。

我最感激的人是那些与我素未谋面的人,即这些孩子的父亲们。是他们的父亲把我送到了机场,是他们的父亲保障了我的安全。

让爸爸教会男孩尊重女性

当男孩长到14岁时,某天,他们会发现自己发生了重大的变化。突然,他的个头超过了妈妈!即使是最可爱、最温柔的男孩都禁不住会想:"她不能再强迫我做什么事了!"

这个想法迟早会付诸行动。他们会通过欺骗、恐吓或其他狡猾的手段,在母子较量中占尽先机。这时必须及时地教育他们,纠正他们的错误想法。不必惊慌,也用不着焦虑或害怕。

如果你愿意,可以想象下面的情形。14岁的萨姆正在厨房里,他的任务是刷盘子——把它们整理好,放进洗碗机,开启按钮。没什么困难的,他从9岁起就开始干这个活儿。但是昨天晚上他没洗,所以今天当妈妈走进厨房,(为了盛爸爸刚做好的饭菜)要从洗碗机里往外拿碗时,发现碗静静地躺在洗碗机里,没洗,碗上长了一层绿毛。

第 5 章
父亲应该做些什么

萨姆的妈妈自然会大发脾气,大声朝萨姆吼:"你怎么回事?"但是此时的萨姆已经14岁了!他两手叉腰,怒气冲冲地回应着。或许,他这样和妈妈说话,多少有些不敬。

我们不妨这样想想,其实这是一个幸福的家庭:其一,这个家里有爸爸;其二,爸爸就和他们住在一起;其三,爸爸知道该干什么。(我们说的这些在有些家庭是根本不可能的。)

萨姆的爸爸坐在客厅里,正在看报纸(那种可以得知天下事的报纸)。他知道了厨房发生的事。这就是对他的暗示!他内心深处的某种东西正在等待这个时刻的到来。他放下报纸,大步走到厨房,斜靠在冰箱上。萨姆能感觉到他进来了。这是一种最原始的感觉,是体内的激素发生作用的结果。他能感觉到力量发生了转变。爸爸久久地注视着萨姆,对萨姆说了一些令他难忘的话,或许你在14岁的时候,也听过这些话。

"不要用这种腔调和妈妈讲话……否则我得管管了。"

现在,萨姆的妈妈能很好地教导萨姆了。重要的是,她不是独自一人管教孩子。萨姆意识到,有两个成年人关心他、爱护他,自己可以依靠他们,他们能很好地把自己抚养成人。

最为重要的是,萨姆的妈妈知道,自己以后不用担心在家中会受到孩子的威胁了。在父亲和儿子之间不仅有亲情,还有道德的力量。如果父亲不是逢场作戏,而是真正关心、尊重妻子,那么在儿子心中,父亲就具有威望。这样,在每次发生冲突的时候,父亲的话

> 父亲在关心国家大事。

就能起到一定作用，当然双方也会展开讨论。但是，讨论的重点不应该围绕着刷盘子，而是关于如何平静、彬彬有礼地和对方谈话。（如果是妈妈单独抚养孩子，那么策略就要有所改变了。"母亲与儿子"这一章对此有所论述。）

长不大的爸爸

实际上，有些男人在家里根本没有地位，对此也许你会感到震惊。不管他们工作多努力，在外面的世界怎样受人尊重，一回到家就变得和孩子一样。他们的妻子对此真是伤透了脑筋！

当孩子长到一定年龄，父亲该教导他们时，这种类型的爸爸的缺点就变得异常明显了。妻子正努力让年少的儿子学着收拾厨房，但这时，爸爸走了进来。

这时他会说："你为什么对他这么挑剔啊？"或者："不要对他这么严厉！"这种错误是致命的。父母双方可能在管教孩子的问题上有不同的观点，这是个好现象。但是你应该私下和孩子的妈妈讨论这些问题，而不是在妈妈管教孩子的时候横加阻拦。那些不尊重妻子的男人的性生活都不和谐。（我只是想指出这两者之间存在的联系。）

我们太过于溺爱孩子，以至于有些孩子永远长不大。当女人们聚在一起聊天时，有时你会听到类似这样的谈话："我有4个孩子，其中一个是我丈夫！"紧接着她们会发出无奈的笑声。我相信，绝大多数男人听到这样的话都会感到震惊。对于妻子而言，她需要的不是孩子，而是一个男人。妻子需要的不是气壮山河的英雄，而是一个能站在她的立场上支持她、和她一起解决问题的普通人。妻子渴望丈夫能做到这一点。如果丈夫能做到这一点，那他就能得到妻子的尊重和信赖。

我必须知道所有的答案吗

对于孩子成长过程中出现的一些问题，我竟不知道做父亲的应该采取什么策略来应对。后来我发现，我没有必要什么都知道，这使我如释重负。随着孩子的成长，新的挑战不断出现，我们不可能解决孩子遇到的任何问题，这是必然的。"你能在一夜之间成为孩子的朋友吗？""这本书适合孩子看吗？""他们这样肆意妄为会造成什么样的后果？"有时候这些问题确实很难回答。

那我们该怎么办呢？如果你不能当场解决孩子的问题，那么就先想对策，晚些时候再处理。最好的做法是和妻子或者朋友讨论一下孩子遇到的问题。如果你们都束手无策，那么可以找其他父母探讨一下。我的孩子知道，如果他们缠着我，我就会做出不利于他们的决定，因此他们在征求我的意见时非常小心。但是，如果我真的不知道应该做什么或者说什么，我通常会说："我不想现在谈这个问题，我们明天再谈吧。"只要你始终关注孩子的事，即使你真的不知道该怎么做，这样答复也是可以的。家庭生活并不是一成不变的，每天都会有新变化。

来自一位父亲的一封信

亲爱的史蒂夫：

在养育儿子的过程中，我们遇到了很多问题。但是，使我们感到高兴的是，情况正日渐好转！我想，可能其他有男孩的父母也愿意知道我们在养育儿子的过程中总结出的经验。

马特和他姐姐苏菲之间最大的区别是，马特性格冲动，脾气暴躁。马特8岁时，竟看也不看就直接从飞驰的汽车前跑过去。幸运的是，当马特的球滚到路对面时，司机看到了发生的一切，急忙刹了车。车差一点就撞到他了。男孩通常做事鲁莽，不计后果。

马特十几岁时，我们没有根据他的性格采取相应的教导方法。马特的姐姐很乖，很容易沟通，因此，我们认为，马特也会和他姐姐一样。但是，他不做家务，不按时完成作业，也不遵守自己许下的诺言。直到我们看到强迫他做他不喜欢的事的后果，以及听到他为不能看一些自己喜欢的电影而大声抱怨时，我们才意识到，仅仅跟他讲道理是不起作用的。他在做某件事之前，我们告诉过他做这件事会造成的后果，但是我们最后并没有检验结果到底是什么。之后，我们把我们所想的和他所做的做了对比，并始终坚持这样做，这使他感到非常有趣。我想，有些男孩需要我们拿出行动。

真正对马特起作用的是我们制订的援助计划。在马特上小学六年级的时候，他需要照顾一个低年级的孩子，并保护他不受大孩子的欺负。这使他感到自己非常重要。每当他回到家，总是兴高采烈地告诉我们有关那个孩子的事：那个孩子学到了什么，怎么学的。我们发现，他发生了全新的转变。他上中学时，有一个高年级的男孩照顾他，使他不受别人的欺负。这同样使他懂得了很多。

此时我们知道，尽管他在家时非常顽皮，经常惹我们生气，老师却认为他在学校是个非常优秀的学生！因此，他在家冲我们发脾气时，只不过是把体内多余的精力发泄出来。现在，跟我交谈过的很多父母都理解这种"在校是天使，在家是恶魔"的情况了。

马特十四五岁时，我们感到他正在不知不觉地陷入自己的世界里。他很少和我们说话，只是回家吃饭，然后去上学。他不让我们进入他的天地，也不让我们认识他的朋友。我们之间唯一的交流就是我们对他的责备。好在我们能在同一张桌子上吃晚饭，我们可以利用这段时间交流。我会跟马特单独出去过周末。我妻子也决定走出一味批评、否定的教育方式，在适当的时候给予鼓励、表扬。对此，他也能愉快地接受。我想，我们只是陷入了消极、否定的教育模式。男孩想成为你的朋友，他们不想生活在自己的小世界里，这个小世界是孤独、冷清的。

通过参加"成功父母培训班"，我们都受益匪浅。我们学到的最有用的做法是关爱，例如："你没能按时回家，我很担心。我需要你遵守自己许下的诺言。"而不是一味批评，例如："你既无用，又靠不住！你最好早点回家！"此外，你还必须耐心地听完孩子的讲述，不能中途插话，贸然提出自己的意见。

现在，我们相处得很愉快。马特不再是以前那个粗暴、乖戾的男孩了，他已经长成一个乐观、开朗、善于与人相处的年轻人了。千万不要放弃自己的孩子，这点至关重要。如果你不知道怎样更好地管教孩子，就寻求别人的帮助。在管教孩子方面，只要你努力，就一定会有所收获。你有必要和孩子进行交流，孩子也需要和你交流。

杰夫

不必强迫孩子

如果一天之内，孩子有时不那么喜欢你，你也不必为此担心，这很正常。如果一直以来，你和孩子相处得非常愉快，那么这份感情就像存进银行的钱一样，只会增值。我的一个好朋友告诉了我（他抽出大量的时间和孩子在一起），最近他是怎样失去12岁儿子的信任和亲近的："当我把儿子送到卧室转身离开时，儿子对着我大声吼叫。儿子生气也不是没有理由，但是他实在没有必要这样大声吼。我工作了整整一天,又累又气。10分钟后,儿子出来了,走进浴室(他磨蹭了一会儿才出来洗漱,准备上床睡觉)。儿子经过我身边时说了一句话使我终生难忘,那就是:'为什么恨你这么难?'"

父亲的作用至关重要

有些人会问:在养育孩子的过程中,父亲的作用重要吗?母亲自己不能独自养育孩子吗?美国的布兰肯霍恩在《得不到父爱的美国》一书中认为,父亲的作用是不可替代的。得不到父爱的男孩之后更易产生暴力倾向、受到伤害、陷入困境、在校成绩不佳,而且在青春期时更有可能加入不良团伙。

缺少父爱的女孩更易自卑,会更早与人发生性关系,虽然并不是出自她本意,然后可能会怀孕,受到别人的鄙视,以致不能继续学业。通常而言,没有男人的家庭比较贫困。这些家庭的孩子长大成人后一般都处在社会的下层,通常对未来不抱什么希望。这足以使你认同父亲在孩子成长之路上发挥的重要作用了吧?

成为一个父亲可能是你这一生中能做的最伟大的事,因为你不仅能从父亲的角色中得到最大的满足和快乐,你对孩子的影响还能影响到其他人的未来,真的是乐趣无穷。

小结

1. 抽出时间,做个好父亲。在现代社会中,男人无异于工作机器。因此,要努力做个真正的父亲,做孩子的好父亲。

2. 主动跟孩子待在一起,跟他们聊天,玩游戏,做手工,一起去旅游。

利用一切机会跟孩子待在一起。

3. 有时注意障碍（ADD）就是父爱缺失障碍（DDD）。

4. 与妻子共同遵守规则。通常儿子听你的，并不是因为他在心理上害怕你，而是出于对你的尊敬，也想讨得你的欢心。不要打孩子，也不要吓唬孩子，这只会使他对别人更苛刻。

5. 男孩会模仿父亲。他会模仿你对待他妈妈的方式，因此，一定要尊重妻子。他会学习你的态度。此外，只有看到你流露感情，他才知道如何表露自己的内心感受。

6. 绝大多数男孩都喜欢打闹。父亲可以跟孩子一起打闹，为了快乐，也为了教他学会自控。但一定要事前制订一些规则，以防失控。

7. 教儿子学会尊重女性，尊重自己。

Raising Boys

第6章
母亲与儿子[①]

---

① 本章与沙伦·比达尔夫合作写成。

Raising Boys

如果你想与儿子亲密无间，帮助他卸下思想包袱，分享他的快乐，那么你们可以尝试一起做家务。无论是跟孩子一起准备晚饭，还是教他如何在饭后把餐厅打扫干净，你们一起做这些事的时候，孩子会不由自主地告诉你他在数学上遇到的难题以及喜欢他的女孩。

第 6 章
母亲与儿子

还记得那个温馨时刻吗？新生儿静静地躺在你的臂弯里，你仔细地凝视着他的小脸和娇小的身体。对初为人母的女性来说，有时，她们许久才反应过来，她们已经有儿子了，一个在自己的身体里孕育的男孩。有时想到自己的身体创造了一个男孩，她们会感到迷惑不解，甚至感到震惊。

对绝大多数女性来说，与养育男孩相比，她们更有信心抚养女孩。她们认为，自己凭直觉就知道该怎么养育女孩。但是，男孩就另当别论了！生下男孩后，妈妈会感到莫名的恐惧，不知道该怎样养育男孩，这不足为奇。不管我们在理论上准备得多么充分，情感上的第一反应却经常是："哇！我对此可一无所知！"

心灵寄语　一位母亲的故事

当儿子学会走路后，我就对他严格要求，让他在屋子里做一些力所能及的事。他 6 岁时，已经能喂小狗，自己收拾床，甚至自己刷盘子！9 岁时，他已经能自己洗衣服，打扫厕所，做一些简单的饭菜了。我决心好好培养儿子，决不能让他像我父亲那样，懒得什么都不做。在我成长的家里，人人都得伺候父亲，我讨厌这样。我的儿子要成为一个尽职尽责的男子汉！

我的第二个孩子是女儿。她6岁时，我意识到我并不想让她学着做家务。我有这样的想法，却没有执行的力量，不像教导儿子时那么精力十足。我想让她做家务，却不想督促她去干。一想到让她做家务，我就舍不得。

当我还是个孩子时，我和姐姐就开始在父母的杂货店里帮忙。放学后的每个夜晚、周末和假期，我们都会在店里干活，直到双腿酸疼，两脚肿胀，累到站不住。想起这些，我就憎恨被强迫去干活。

明白了这些，就容易找到一个平衡的做法了。现在，我的两个孩子都做家务，但是他们也有充足的时间休息、玩耍。对此，我们感到很高兴。

妈妈的成长背景

从一开始，妈妈对身边男性的印象就影响着她的养育方式。或许，很多人更在意婴儿的性别。每当妈妈看到自己的婴儿，听到他的啼哭或者是给他换尿布时，就会意识到他是个男孩。因此，不管男性对她意味着什么，都会对她产生影响。

女人会永远记得自己的父亲，也会记得父亲是怎样教育自己的。她知道自己的弟弟、外甥和认识的男孩在学校的表现，也了解自己认识的所有男人：配偶、老师、老板、医生、同事和朋友。所有这些构成了她对男性的印象，也会让她戴着有色眼镜去看待自己的小男孩。

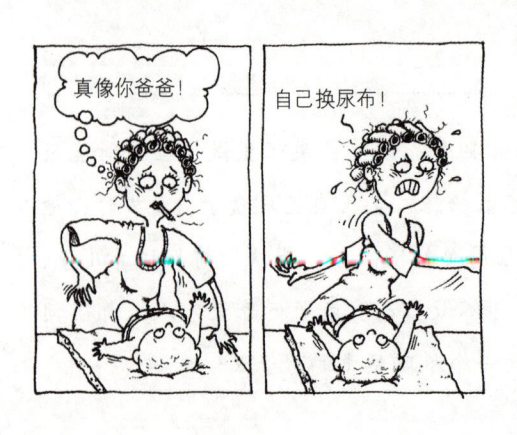

她对男人的看法，男人是怎样对待她的，她希望自己的男孩成为怎样的男人，这些都会影响她对孩子的养育。

她对丈夫的看法也会影响她教育孩子的方式，这使问题变得更复杂了。随着儿子的成长，他是不是长得越来越像父亲了？如果她已经与丈夫分开了，或者他们之间出现了问题，就会影响她对孩子的感情。母亲可能已经意识到了这些因素，也可能完全没有意识到。

怎样照顾男孩

我们以前对男性的看法都会反映在我们日常对男孩的看护上：我们想冲上去帮助他们，或者不去帮助他们，而是由他们自己完成；我们会鼓励他们，或者打击他们；我们会热情地拥抱他们，或皱皱眉走开。所有这些反应都源于我们内心对男性的态度。

如果你采取一种好奇的态度，想了解男孩的世界，就能更好地养育男孩。作为女人，你不可能了解男人的内心世界。如果你没有兄弟（也无法从父亲那里得到帮助），那么你就不得不查询更多信息，才能弄明白正常的男孩是什么样的。可以向你的丈夫或异性朋友寻求更多信息，有时你需要的正是这些实际经验。

心灵寄语 一位妈妈的来信

亲爱的史蒂夫：

看了《养育男孩》的书稿后，我心潮澎湃，感慨良多，想说一说自己内心深处的感受。

对所有的母亲而言，孩子都是与众不同的，所以她们会努力了解他们。

必须谨记，不管你做什么，都不要放弃。否则，你很可能会产生一种消极的态度："我又能有什么办法呢？"母亲和儿子之间的确存在共同点，能不能找到这个共同点取决于母亲。可能这个共同点并不明显，母亲需要花费一定的时间，并经过反复的摸索才能找到。孩子的反抗并不意味着你的失败，而是象征一种新的力量。寻找儿子身上的优点，你会找到的。

男孩的性格中也有温柔的一面，因此做母亲的一定要注意培养孩子健全的性格，不能忽视他们性格中的这一面。有时，儿子是那么招人喜欢，那么乖巧，使我对他更加疼爱。虽然他是男孩，我们也要给他机会，让他和比他年龄小的孩子一起玩耍，帮助他，让他有机会照顾小动物。看看这时的孩子是多么惹人喜爱。

要分享儿子的激情。冬天时，我和汤姆（我9岁的儿子）有一项固定的安排。在星期六下午，我们会去观看我们本地举行的橄榄球比赛。一般我们会坐在围栏旁边，离赛场很近，当球员飞快跑过时，我们能感觉到气流在涌动，大地在震动。汤姆兴高采烈地向我说着比赛规则，向我介绍球员的名字和他们的特点。我注意到，他经常告诉我一些我感兴趣的细节，如一些球员在赛场外的生活情况。这时，孩子的精神面貌为之一新，神采飞扬，精力旺盛。我们母子看得津津有味、其乐无穷。在寒冷的下午，我们却感到阵阵暖意。这与在电视上看比赛是截然不同的！

一般而言，在引发兴趣方面，男孩需要帮助，例如如何学习使用电脑、读报、使用百科全书和利用图书馆资源。母亲应该协助他完成家庭作业，把布置给他的任务切分为阶段性任务；为他们制订实际的目标，并帮助他们实现。一定要注意降低任务的难度，这样他们才不会因畏难而轻易放弃。同时也要注意，你不能替他们完成，一定要让他们从完成小事中获得成就感，体会到快乐。

要扩展男孩的感知，而散步、谈话、观察事物和收集都能起作用。让他们观察大树是怎样随着季节的变化而变化的,一幢大楼是怎样一步步建造起来的。让他们知道平常吃的东西是怎么来的——计划购买,选择蔬菜,做菜,最后享受美味。此外,还要让他参与制订家庭活动计划和假期计划。指导他学会把自己的兴趣与其他人的兴趣结合起来。

一定要保证孩子有充足的睡眠,也要让他动静结合。这些都是最基本的要求,但对于孩子的成长至关重要。睡觉前不能忽略一个环节,那就是给孩子讲故事,拥抱他,逗他玩,目的是让他感受到父母对他的爱,也让他有安全感,从而保持平静的心态。与孩子分享你最喜欢的故事对孩子的成长大有裨益。

最后,你可以在孩子和父亲之间搭起一座桥梁,帮助他们建立亲密关系。父亲可能在预测孩子的心理和做出相应的计划方面比不上妻子,因此,他接近孩子的机会就大大减少了。因此,妻子可以提醒丈夫,但一定要注意方法,语气要温和,不能使父亲觉得自己与孩子的关系不如妻子与孩子的关系亲密。此外,母亲还要让儿子接触一些对他的成长有帮助的优秀男人:帅气的音乐教师、受人尊敬的杂工或者朋友的哥哥等。平时,母亲应该多和他们谈论一些优秀的男性,比如他们的品质,同时提醒孩子观察这些人在不同的境遇中是怎样应对的。

不时地回想一下孩子的过去,告诉他他小时候是多么可爱;让他知道,他的出世对你意味着什么,他是你生命中的阳光,是和谐的生命体,是漂亮的男孩。

J. T.

小贴士

男孩的身体

母亲对男孩的阴茎和睾丸方面的知识知之甚少,存在很多疑问。下面是母亲们经常遇到的一些问题(Q)和回答(A):

Q:我儿子的两个睾丸是不是应该能看得到?

A:孩子出生6周后做例行检查时,应该能看到孩子的两个睾丸。

Q:给孩子洗澡时,可以触摸他的阴茎,给他洗洗吗?

A:当然可以!给孩子换完尿布或给孩子洗澡时,都应该洗洗阴茎和睾丸周围的皮肤。孩子到了两三岁,不再用尿布后,在你的监督指导下,小男孩可以自己洗阴茎。

Q:在给孩子洗澡时,可以把孩子的阴茎包皮往后拉吗?因为只有这样才能彻底清洁阴茎。

A:这倒没必要,事实上,这也不是明智的做法,因为在这个年纪,孩子的阴茎包皮和阴茎根部是相连的。蹒跚学步的孩子常不由自主地一点一点地往后拽自己的阴茎包皮。在孩子长到三四岁时,你会注意到,他的阴茎包皮往后缩了。到4岁时,给孩子洗澡时,你可以时不时地告诉他,把包皮往后拉拉,洗洗阴茎内部。告诉他怎么洗,洗完擦干后,怎样把包皮放回去,同时也要让他知道,小便时应该怎样把包皮往后拉,把尿全尿到外面,而不至于尿进裤子里面。

Q:我儿子经常拉阴茎并把它使劲往外拽,有时还会把手插进包皮里,这样会妨碍阴茎的正常发育吗?

A:一般而言,孩子不会伤到自己,因为如果感到疼,他们就会停下来。对小男孩来说,把阴茎握在手里是一件很舒服的事。因此,不必为此大惊小怪。

Q:有时为了止住尿尿,我儿子会捏住阴茎。这样对阴茎的发育有害吗?

A：绝大多数男孩都会这样。女孩的骨盆肌肉发达，收缩能力强，能自己控制。但是男孩的生理结构就不一样了，他们做不到这一点。因此，如果他们痴迷于玩耍，不想去小便时，他们一般会捏住阴茎。所以要鼓励孩子该上厕所时就去上。

Q：对孩子的阴茎，我们应该用什么来代称呢？

A：直接叫阴茎就可以，不要起一些愚蠢的代号。

Q：孩子长大点后，当他和同伴玩耍时，经常会碰撞到阴茎。我们做母亲的应该做些什么呢？

A：阴茎是非常敏感的，所以如果有人在足球比赛中被击中裆部，他会痛苦地缩成一团。但是请放心，这一般不会对男人造成永久的伤害。这时你应该把孩子领到没人的地方，小心地帮他检查一下。如果他感到剧烈的疼痛，而且阴茎有肿胀、流血或淤血现象，或者孩子疼得哭个不停，或出现了呕吐现象，就直接带他去医院。如果没有出现上述现象，就可以让他安静地坐着，让它自己恢复。如果几小时之后还有不适的感觉，就带他去医院。

如果你对这些问题的回答心存疑惑，可以咨询医生。让孩子健康成长才是最重要的。

父母要教育孩子爱护自己的身体，也要爱护他人的身体，时时小心，处处留意。如果孩子认为伤害其他孩子很好玩，你就应该好好地教育他了。此外，还要禁止孩子玩一些可能会伤害到生殖器的游戏。

妈妈帮助儿子了解异性

妈妈可以教儿子很多关于生活和爱情方面的事，帮助儿子在如何与异性相处的问题上建立自信。妈妈是儿子的"第一个情人"，妈妈需要尊重儿子，要温柔地对待他，还要跟孩子一起玩，而不是想控制他或主宰他的世界。当他到了该上学的年龄时，妈妈应该鼓励他交朋友，并以实际行动帮助他。在如何与女孩相处的问题上，妈妈应该给儿子相应的提示。

不得不承认，在20世纪90年代，两性关系的发展需要很多帮助。一开始，男孩在与女孩或者女人相处时，总是感到莫名的紧张。妈妈则能帮助他放松下来。妈妈能告诉儿子，女孩喜欢这种类型的男孩——会说话、具有幽默感、会体贴人、有自己的想法和观点等。妈妈甚至能预先告诉儿子这样一个事实，那就是女孩有时很自私，做事欠考虑，因为女孩也不是圣人。

在孩子的成长过程中，妈妈能帮助儿子建立自尊心，爸爸则能帮助女儿建立自尊心。十几岁的女孩总想变得聪明、讨人喜欢。这时，爸爸的鼓励能帮助女孩树立信心。此外，爸爸还能教女儿换车轮，教她上网或捕鱼。有些妈妈把儿子当成自己的朋友，这种做法是完全正确的。这样的男孩知道自己能和女孩成为朋友，能和女孩一起愉快地聊天。这对男孩的成长非常有利，因为5～15岁这段时间是他成长的关键时期。

帮助孩子树立良好的自我形象

到了一定年龄时（中学阶段），一些男孩会感到异常尴尬和窘迫。看上去，他们在为身为男人而感到惭愧，为体内的激素在涌动而害羞。大众媒体经常把男人描绘成强奸犯、杀人犯或傻子，因此，男孩常为身为男性感到自卑。

妈妈可以帮助男孩走出这个误区，消除他心理上的压力。对于10岁或10岁以上的男孩而言，做妈妈的应该时不时地赞扬一下孩子。当孩子试穿新衣服时，你应该说："儿子，真帅啊。"当孩子做家务时，你可以对他说："哪个女孩能嫁给你，真是她的福气啊。"在适当的时候，你可以对他说："和你在一起，我过得很开心。""和你聊天很有趣。""你真的很幽默。"

伴随着孩子的成长，不断调整你的养育方式

随着岁月的流逝，转眼之间，孩子已经从无助的婴儿长成了强壮的少年，这时就必须调整你的养育方式了。首先，你是"老板"，会一直监督他的成长。当孩子开始上学后，你辅导他学习，监督他，为他制订规则。之后，当孩子走上自己的人生道路，你会成为孩子的顾问和朋友。这时，你肩负的责任越来越大，同时也要给孩子越来越多的自由。妈妈应该做什么取决于孩子成长的不同阶段。下面是一些提示，可以帮助妈妈更好地理解这一点。

小学阶段

在小学阶段，孩子需要你的帮助和指导。在孩子玩耍的时候，妈妈要在一旁看着，以防孩子出事。妈妈还要限制孩子看电视和上网的时间，这样才能让孩子从电视机或电脑前走开，去参加锻炼。

鼓励儿子邀请朋友来家里玩，并和他的朋友聊天，友好地对待他们。可以问问他们是怎样看待学校、看待生活的。

当孩子去朋友家玩时，妈妈有必要知道儿子都和什么人在一起，这关系到孩子的人身安全。有大人在场看着他们吗？在这个时间内，如果没人看着他们，他们很容易遇到危险。不应该把10岁以下的孩子单独留在家里。（当然，这也取决于你住在哪里。）天黑后，孩子们就不能再骑着自行车到处跑了。10岁以下的孩子还无法准确把握道路上的交通状况，他们的直觉还没发育完全，无法准确判断车辆的速度。

中学阶段

孩子进入中学后，你应该学会和他"讨价还价"："如果你帮我个忙，我就开车送你去"，"如果你把屋子打扫干净，我就给你做饭"。此时，孩子可能有了自己喜爱的运动，不再和你一起运动了。但是，一定不要疏远孩子，要和他保持友好的关系。当他需要你时，你一定要守在他身边，和他谈论发生的事，或仅仅是随便聊聊。一定要保证你们有单独相处的时间。要忙里偷闲，找时间和儿子一起出去坐坐，喝杯饮料，边喝边聊，聊聊逛街等日常琐事。也可以一起去看电影，出来后谈论一下自己的感受。

在这个年龄段，有些孩子仍然渴望得到妈妈的拥抱，但也有些孩子不喜欢被妈妈拥抱了。这时，妈妈一定要用适当的、孩子乐意接受的方式来表达对孩子的爱。当儿子坐在沙发上时，你可以挨着他坐下。当儿子躺下准备睡觉时，你可以抚摸他的头，还可以逗他玩。总之，你可以用一些孩子接受的方式来表达你对他的爱。

你可能会反对孩子参加某一项运动，因为它占用了孩子太多时间（请参看157页的小贴士"家庭作业——孩子的地狱"）。允许孩子每学期都有完完全全属于自己的"健康的一天"——这一天他不必去学校，但并不是因为生病，这一天是纯粹属于孩子的一天。

当孩子临近中学毕业，因即将到来的考试而不堪重负时，你要帮助孩子学习，但是也要让他明白，考试不是生活的目的，快乐同样重要。让他明白，他的价值并不仅仅是由一次考试成绩来衡量的。

澳大利亚有高等学校入学考试，只有通过了这项考试才能进入大学。这项考试是一种接近于疯狂的竞争。用学生的话说就是，要么成功，要么失败。我们可以为孩子选择一条中间路线，鼓励他们在整个中学阶段好好学习，尽最大努力，但也不能忘记长大后自己想做的事——找到自己真正想做的事，并培养自己的创新能力和社交能力。

可以考虑以下几点：

- 一些得高分的孩子在上大学以后会感到无所适从，因为他们并不是真的对这些科目感兴趣。
- 有的学校会开设诸如医学之类的课程，以吸引那些全面发展的学生——他们已经取得了别的学位或有其他生活经历。虽然好的考试成绩并不代表以后能成为一名好医生。
- 全面发展的学生过得更开心，身体更健康，更有可能成为被人认可的雇员，在职业生涯中更有可能取得成功。
- 其他课程和职业（比如教学、护理和生态学）更有可能使人过上快乐的生活，也更容易让人从中体会到满足感，而且远比竞争性强的职业（比如法律、医学和经济）轻松。

吸取经验，总结教训

这是建立个人责任的时代，而这一点不得不通过吸取别人的经验教训来完成。例如，当儿子开始上中学时，你要帮助他整理课本，领着他赶校车。但是之后，一旦他知道了该怎么做，他要是再带错课本，赶不上校车，那就是他的责任了。不久，他就会得到教训！

只有通力合作，纪律才会发挥作用。自然结果和公正意识，是你教育孩子的两大工具。只要是有关孩子的事，就一定要和他商量再决定。绝不能强迫十几岁的孩子做他不愿意做的事。但是如果你事先为孩子做了很多，那么在和孩子商量让他做他不乐意做的事时，你就会占有很大优势！

明天才打篮球呢，傻瓜！

男孩下厨房

让男孩对做饭产生兴趣很容易，这个兴趣可能会成为他一生的爱好。孩子都喜欢吃东西。他们喜欢食物散发出的香味，喜欢食物的颜色，喜欢品尝不同的食物，甚至喜欢看到各种食物杂乱地堆成一堆！

你可以让孩子坐在厨房的地板上摆弄橘子，或者给他一碗豌豆，他会把豌豆堆成堆，或是把它们一粒一粒地放进碗里，再一粒一粒地拿出来。刚学会走路的孩子还能制作彩泥（千万不能吃），他会搅拌混合物，像和面似的揉着，往里添加鲜艳的颜色。他甚至可以静静地坐在那里玩自己做成的彩泥，一玩就是好几个小时。

对于四五岁的男孩来说，圣诞节和聚会是他大显身手的时候（因为你能吃到他做的食物）。这个时候，孩子会做巧克力饼干，还会给蛋糕涂上糖霜。但是要注意，不能让他单独靠近火炉或任何烫人的东西。

小男孩会搅拌、倒水、测量和称重,还会剥甜玉米、剥豌豆,还能在塑料盆里洗萝卜和土豆。男孩喜欢在面包上用胡萝卜条、芹菜条、切成片的西红柿和巧克力做成脸的形状来表达他内心的感受。他还喜欢喝冰冻的果汁,想把自己变成"一根冰棍"。当他长大些后,还能帮你切菜,帮你准备晚餐。

　　孩子 10 岁左右时,父母应该注意不让他使用锋利的刀子、接近烫人的液体或火炉。你应该教他慢慢学着做,然后看他是怎样按照你的指导去做的,最后看他在做别的事情时,是否也小心谨慎。只有在厨房待过,孩子才会知道怎样处理烫人的东西。

男孩喜欢做的饭

- 比萨。买来面饼,然后在面饼上放上各种调料和蔬菜。
- 烧烤。烤鱼排、鸡肉、香肠、排骨和豆腐。
- 烤薄饼和煎蛋。

- 拌沙拉。
- 做汉堡包或鱼排三明治。
- 做意大利面。
- 烤羔羊和鸡。
- 炒菜和蒸米饭。
- 用捣碎的土豆、罐装金枪鱼和切碎的胡萝卜或芹菜做小肉饼。

当孩子在做这些时，你一定要对他的成果大加赞扬，并感谢他的帮忙。如果孩子想给他喜欢的人做一件礼物（例如一个蛋糕或是一袋饼干），你一定要教给他。

在这个过程中，不要忽视爸爸发挥的作用。孩子需要看到爸爸也在厨房里忙碌。

其他安全常识

教孩子：

- 在厨房做饭时，小心会烫人的东西（从烤箱里往外拿东西时，戴上手套）。
- 使用刀子时，小心谨慎。
- 把做饭时掉到地上的东西打扫干净，以防滑倒。
- 把铁锅的把手朝里放，以防有人走过时碰到。
- 把孩子的袖子挽起来，让他围上围裙（或者让他穿上不易着火的衣服）。
- 在他开始做饭前，一定要求他先洗手！

单身母亲一定要避免与孩子发生冲突

对于独自抚养孩子的单身母亲而言，儿子十五六岁时是最令她头痛的。

第 6 章
母亲与儿子

这时，儿子时刻都想证明自己的力量，想独立，不想处处受母亲的管制。在正常的夫妻眼中，这算不上什么难事——儿子可能会和爸爸发生冲突，导致冷战，但是他知道，妈妈还是爱他的（反之亦然）。但是，单亲家庭的孩子就没这么幸运了，妈妈是他爱的唯一来源，也是唯一管教他的人，妈妈对他来说真的非常重要。

一些母亲曾对我说："我必须不停地变换角色——严厉、温柔，温柔、严厉。这使我身心疲惫。"（然而，这也比有一个事事与你作对的伴侣要好得多，他只会破坏你的规则。）但重要的一点是，不要使事态进一步恶化，不能对孩子大喊大叫，或动手打孩子。在这个年纪，他开始学着处理自己过剩的精力和丰富的感情，在这个过程中，他可能会在精神上伤害你。在他伤害了你之后，他又会感到后悔。如果你们的讨论演变成大喊大叫，甚至动手，那么试试下面的方法：

1. 叫他平静下来。如果你们能坐下来喝一杯饮料，理智地谈论各自的感受，就赶紧行动吧!

2. 如果你感到生气或心烦，就告诉他等会儿——当你的愤怒平息了之后再谈论这个话题。

3. 自己出去喝点东西或者去另一个房间。

4. 在你感觉自己即将失控前躲开孩子，否则孩子看到你哭或生气时，他会感到自责或内心产生困惑。

5. 双方发生冲突后，等各自平静了，和他聊聊天。暂时先把冲突搁在一边，和他谈谈怎样才能使一家人其乐融融，并让他知道家庭和谐的重要性。然后，问他想不想和妈妈快快乐乐地生活在一起。同时要解释，一家人快乐地生活在一起有时是需要彼此做出妥协、让步的。但是你的让步是有原则的，那就是在关系到孩子人身安全的事情上不能妥协；在儿子答应完成但没做到的事上不能妥协；在尊重家人方面不能妥协。然后，你再问他："如果再发生类似的事，我要你平静下来，你会听吗？"接下来，你们要么庆祝一下在你们之间达成的协议，要么再谈论谈论最初发生的事。

> **小贴士　　给孩子介绍自己的新伴侣**
>
> 　　离婚不仅对夫妻双方造成了伤害，也会给孩子留下心灵创伤。如果妈妈找到了新伴侣，孩子就不得不再次做出调整。这时，妈妈必须细心照顾儿子，以减少孩子内心的痛苦，使他适应这次调整。迈克尔·古里安所著的《男孩的奇妙》一书给离婚后想再婚的母亲们提出了一些建议。不管你是否认同，下面这些意见还是非常实用的。
>
> 　　**1. 注意自己约会时的行为举止。**妈妈约会时，应选择儿子不在身边的时间。只有当她准备和那个男人建立长期关系时，才可以把正在交往的男人介绍给儿子。
>
> 　　**2. 不要试图让新任丈夫替代孩子亲生父亲的角色。**继父不能取代亲生父亲，妈妈也不能把自己的新任丈夫看作孩子的父亲。这个新丈夫扮演的角色与亲生父亲在孩子生命中扮演的角色是不一样的。如果继父想让孩子遵守家庭规则，让孩子做一些日常家务，他必须向孩子说明白，不要产生误会。
>
> 　　**3. 和父亲一起带孩子外出活动。**妈妈应该勇敢地面对离婚给她造成的伤害，主动和孩子的亲生父亲一起带孩子外出活动，在制订计划和安排时也请他一起参与讨论。为了孩子的健康成长，妈妈和爸爸都应该克服彼此间的尴尬，重新一起为孩子的成长出谋划策。（除非这对孩子来说有危险，或者孩子的亲生父亲不愿意为孩子做任何事。）

4. 支持孩子和父亲见面。当孩子想去找爸爸时,妈妈不要阻拦,应该让他去和爸爸一起住几天。当孩子长到十几岁时,他们需要爸爸的帮助。他们可以直接问爸爸一些问题,而不会感到尴尬和不自在。

5. 妈妈的男朋友不是儿子的竞争者。妈妈有必要让儿子知道,他在妈妈心中是无可替代的。妈妈需要身体力行,让儿子感受到这一点,而不应通过给儿子买礼物等方式让他认可自己的男朋友。

黄金法则是:经常和孩子交流,了解孩子的想法;要求孩子严格遵守家规;多抽时间陪孩子,和孩子一起参加一些运动。其实,父母能给孩子的最好的礼物就是保持稳定的夫妻关系。

通过这些事,你可能会说,事实上,母亲和十几岁的儿子都需要停战,因为在这个阶段,母子之间的关系太微妙、太脆弱了。

如果儿子对你动手了,或恐吓你,那么你有必要咨询专业人士或寻求警察的帮助。对孩子来说,单身妈妈是他得到爱的唯一源泉,如果他伤害了你,你会感到难过、伤心,而孩子同样会伤心。然而,这个成长过程就是要检验你的耐心和承受能力。这时,你可以请孩子的舅舅或你的朋友来帮忙,但孩子必须信任他们,只有这样才能起到作用。他们可以和孩子谈谈,让孩子学会尊重你。如果他们能让孩子做到这一点,同时又不让孩子为自己先前的无礼感到内疚,就最好不过了。也许这时孩子的舅舅或者外公能抽出时间和孩子待在一起,以赢得孩子的信任和尊重。

和丈夫一起分担照顾孩子的重任

一些母亲告诉我,她们要么帮助孩子和父亲建立亲密的关系,要么阻止孩子和父亲交往。下面这封信出自一位母亲之手。信中讲述了她是如何意识到自己妨碍了儿子和他父亲的交往，以及当她允许丈夫与她一起管教孩子后，孩子发生的变化。此时，她感到前所未有的轻松，也为孩子发生的变化感到由衷的高兴。下面我们一起看看这位母亲的来信。

心灵寄语 一位妈妈的来信

亲爱的史蒂夫：

我给你写这封信，是因为我相信，当你知道你写的《男人的品格》一书给我们家带来了怎样的积极影响后，你会很高兴的。这可以用一个场景来概括，这个场景，我至今难忘。

和以往一样，我们来到南部海岸度假。现在，我们正坐在饭店外面的椅子上。几星期前，我们就想来玩，并打算带上我们那4个年龄从9岁到18岁不等的儿子。

当我们坐着喝咖啡时，我顺势看了看路边。突然，我看到老大和老二偷偷溜进了卖酒的商店里！当我猛地站起来，想上前制止他们时，我丈夫也站起来了，对我说："交给我吧。"他的语气里带着少有的坚定。我感到很吃惊，一时之间竟无法反驳，只能又坐回去，看着他过去！

对此，我应该说明一点，这么多年来，丈夫为我和孩子做了很多，默默无闻地支持着我们这个家。但是，在家里，一直是我担负着养育孩子的重任。有时我觉得很容易，有时觉得很艰难。

我知道，我丈夫乔刚刚看了《男人的品格》这本书，我本来是为了消磨路上的时间才顺手带上的。我很好奇，是不是这本书对乔也产生了影响，才使他有此举动。他回来后，我问他是怎样发现那本书的。（希望他已经看完那本书，并学到了实用的养育男孩的技巧。）他接下来所说的话，至今仍萦绕在我耳边。"我意识到，我一直任你夹在我和儿子之间，以后，我不会再让你夹在我们之间了！"

我的第二反应是为我的行为辩护！（第一反应是：什么？这就是你学到的东西？你不应该说这样的话！）但是就在我想反驳时，我猛然意识到，他是正确的。我一直在努力把孩子培养成我想要的那种男孩，也一直在保护他们免受外界的伤害，但是有些事可能只是我想象出来的，可能未必会对他们造成伤害。让我感到悲哀的是，18年前，我是正确的，但是我却没注意到这样一个事实，他们的父亲已经变成了我希望他们学习的榜样。猛然间意识到这一点时，我感到莫大的悲哀。

后来，我和其他一些已为人母的妇女分享了这件事。现在，我相信，许多妇女都会陷入这个误区。我们认为自己是丈夫和儿子之间交流的桥梁，但是事实上，我们却成了他们交流的障碍。

明白了这一点，我就能放心地站在一边，把孩子交给父亲，任由他们玩闹了。这使他们受益颇多，尤其是我的小儿子。现在，当我与孩子发生争执（我要求他们做他们不喜欢的事）时，我允许乔介入。他每次都能说服孩子，这让我感到震惊。他改善了与孩子们的关系，我们夫妻之间也更亲密了，我们更尊重对方了，因为我们都是孩子的家长。

当然，我还不习惯这样，有时不放心把孩子交给乔，怕他的教育方式对孩子造成不好的影响。所以，我经常回到老路上去，事事自己做主。不同的是，通过与孩子们越来越多的相处，乔的信心与日俱增，如果我有异议，乔会站出来理直气壮地跟我争辩！

> **小贴士**

让男孩做家务

做家务有利于男孩的成长，原因是多方面的。

帮助他们做好独立生活的准备

刚离开妈妈的怀抱便投向另一个女人的臂弯，对男孩而言这并不是一件好事，这不利于他们以后的生活和发展。我强烈建议在这中间有个过渡，让孩子独立生活。在这个过渡阶段，他需要自己洗衣服，自己打扫房间，自己做饭。他应该尽早学会这些，以免将来出现学习障碍，例如对做饭一无所知，或者根本不会洗衣服，这都会给他的日常生活带来麻烦。

在孩子即将成人之际，这些技巧同样会在其他方面发挥作用。男孩会做家务活儿，这对女孩非常有吸引力，不亚于跑车对她们的吸引力。一般而言，如果你不希望孩子成家自立，那就一直帮他做饭、洗衣服、打扫房间吧！

如果孩子在做家务上有困难，那么即使是婚姻也无法弥补这一点。最终与他共度一生的女人可不愿做你儿子的仆人，她无法天天为你的儿子打理一切。最可怕的是，你儿子可能不得不终生独自面对这些烦琐的家务！

培养自尊

一直以来，人们对自尊的理解存在着误区。最初人们认为，能上电视、穿名牌就能赢得尊严。自尊这个词与那些老辈人所说的"抬高自己"差不多——当然，这个说法也意味着一个人对自己多少有点不信任。根据美国心理学家马丁·塞利格曼等人的研究，一些家庭教孩子这样思考问题："做这些有什么用处？我一定会把事情搞糟的，我什么也做不好。"

也有一些家庭采取了相反的教育方针，即鼓励孩子，帮助他们建立信心。他们对孩子说"你做得到"，"一定有办法做好这件事"，或"我想，我可以和你一起试试"。

赢得自尊的最佳方法是做一些实际有用的事。会做饭，能熨衬衣，能照顾宠物，或者能找到一份兼职工作，所有这些都是值得骄傲的事。我们应该给孩子更多的机会，让他们得到锻炼。

我建议，当孩子长到10岁时，应该让他为全家准备一顿完整的晚饭，至少每周一次。或许，最初可以让他准备一些简单的饭菜。(但是，一定要注意，在孩子9岁之前，不能让他做那些会接触热水的饭菜，因为在这个时候，他的身体协调能力还不够，容易出事。10岁之前，最好只让他做削皮、洗刷、打扫或其他小事。)5岁的小男孩可以在饭前摆餐具，从刚晾干的一堆衣服里挑出自己的衣服，并认真地叠起来。7岁的男孩已经能擦桌子了，还能做很多其他事。

和孩子更亲近的机会

教男孩做家务还能增进亲子交流，这可能会使你感到惊奇。

男孩放学回家后，通常不会和你谈论他的学习成绩、朋友之间的不愉快或其他事。即使和你谈了，他也不会坦白地告诉你一切。这一点困扰着很多父母，他们急切地想走进孩子的生活，但是孩子却把他们拒之门外。产生这种问题的原因在于，男孩不喜欢面对面地和父母谈论自己的生活。他想做一些有意义的事，在他做这些事的时候，父母可以和他一起边做边聊。这样，他就可以一边做着自己喜欢的事，一边考虑该怎样回答，从而避免面对面的对峙，不会感到尴尬和脸红。而面对面的谈话是女性偏爱的，因此，她们必须注意改正这一点。

如果你想与儿子亲密无间，帮助他卸下思想包袱，分享他的快乐，那

> 数学老师好像有点不喜欢我。

么你们可以尝试一起做家务。无论是跟孩子一起准备晚饭，还是教他如何在饭后把餐厅打扫干净，你们一起做这些事的时候，孩子会不由自主地告诉你，他在数学上遇到的难题以及喜欢他的女孩。（我认识这样一个家庭，他们不打算买洗碗机，因为他们喜欢和孩子一起在水池边边洗碗边谈话。我还是挺佩服他们的！）

和孩子一起做家务，可以同时教他做事的窍门儿（比如如何干净利落地打扫屋子）。在这个过程中，母亲和孩子都会享受到意想不到的乐趣，同时你也把自己的智慧传授给了孩子。如果你替孩子做所有的家务，那么无论是你还是孩子都会错过生命中非常有意义的东西。

性别平等

在养育孩子的过程中，绝大多数女性并没有把女孩和男孩区别对待。今天的妈妈在成长过程中已经意识到了大男子主义和男女平等的问题。因此，如果我们看到自己的儿子粗鲁地对待女孩，或者傲慢自大、举止轻狂，我们定会感到气愤不已。但是另一方面，如果在校园里没人和我们的孩子玩，没人理他们，当看到班级里的女孩和几年之后出现在儿子生命中的女人在羞辱我们的儿子时，我们同样会感到痛心。

因此，我们必须谨慎小心地帮儿子走过这段敏感时期。我们要让他相信，他和别人是一样的，但是绝不能允许他表现得自高自大、目中无人。

小结

1. 男孩的出生，意味着你对男性的普遍看法将浮出水面。一定要注意，不能对这个无辜的小男孩抱有任何偏见。

2. 如果你对男性知之甚少，就去你熟悉的男人那里寻求帮助，让他们告诉你，男人到底是怎么回事。不要害怕小男孩的身体！

3. 男孩会从妈妈那里学会爱自己和爱他人，因此一定要让孩子感受到你的温暖和善良。

4. 给儿子讲一些关于女孩的事，教他如何与女孩更好地相处。

5. 夸赞儿子长得帅气，说出你对他的喜爱，让他知道你愿意和他聊天，这样他才会对自己充满信心。

6. 随着孩子的成长不断调整教育方式，同时也要密切关注孩子的安全以及全面发展。当孩子长到十几岁时，一定要给他宽松的环境，但是不能对他的世界一无所知，不知道他的喜好，也不了解他内心的起伏变化。

7. 当他已经长大时，让他从自己的作为或不作为中吸取教训，例如因为故意磨蹭导致上学迟到。这时是他学习承担责任的时候了。

8. 在孩子还小的时候，鼓励和教他学做饭，然后一起享受孩子的劳动成果。

9. 特别注意：不要与处于青少年阶段的孩子发生激烈冲突，特别是对那些单身母亲而言。遇到问题时，一定要冷静、理智地和孩子谈论那个引发争论的问题。

10. 如果你是那种能力超强的母亲，那么请务必注意，不要影响丈夫和儿子的关系，更不要代替丈夫完成照顾儿子的工作。你和儿子都需要丈夫的加入，同时一定要鼓励儿子多接近爸爸，让他们建立起更亲密的父子关系。

Raising Boys

第7章

培养健康的性

Raising Boys

1. 教孩子区分喜欢、爱和色欲的不同。

2. 当孩子10岁的时候,举行一个小仪式庆祝他们长大,并告诉他们一些有关性的知识。

3. 教育你的孩子尊重所有的人,让他远离不健康的性行为。帮助他们创造氛围以及举行一些活动,这样他们就可以和女孩正常交往了。

第 7 章
培养健康的性

我们都希望自己的孩子对性有正确的认识,让他知道性是一件美好的事情。但是,我们也希望他对性保持清醒。除了会导致女孩怀孕以及患上各种性病等危险外,还有一种致命的危险,那就是艾滋病。

爱是一种美好的感觉,但也经常让人困惑。对年轻人来说,最简单、最有益的事就是要明白异性相吸包含三种不同的类型:

喜欢	是一种思想的火花——共同的兴趣爱好与人生激励
爱	是一种心与心的沟通——温馨、强烈、醉人、柔情
色欲	是一种粗俗、热烈、令身心备受折磨的饥渴——其实你明白我的意思!

我们需要对年轻人的爱进行更细致的分类,进而分清不同形式的爱。错误固然是不可避免的,但是通过一些技巧可以很快地识别这些错误。

十几岁的少年会很快陷入恋爱的旋涡。在青春期,我们非常渴望去爱一个人,会用自己色彩斑斓的想象力去观察这个可能成为恋爱对象的人,把想象的光彩加在他(她)的身上。此时的我们往往"心中带着爱去爱"。经过一段时间以后,真实的他(她)已经一览无余,那些虚无缥缈的幻想也逐渐褪去。这可

能是有益的，因为有血有肉的人会更可爱；不过这也可能不好，但至少你已经发现了什么是爱！

永远不要故意伤害或者虐待其他人。在性的问题上，年轻人需要更多的温馨呵护、积极的教育、有益的指导和一次成长的机会。

> 要注意呀，儿子！
> 什么意思？
> 就是说，跟女孩交往要把握尺度。

小贴士

有益的仪式

举行这个仪式是为了庆祝青春期的开始，也是帮助孩子认识性。

作家唐和珍妮·埃利姆描述过一种仪式，我们认为这是一个很好的主意，所以我们就改编了一下，应用在我们自己的家庭生活中。那些赞同埃利姆观点的人认为男孩不应该首先从学校获得有关性的知识，这些知识可能会歪曲孩子对性的认识。他们认为，在性教育方面，父母应该提前做好工作。

埃利姆建议专门拿出一天来庆祝孩子进入青春期——孩子 10 岁的时候是个很好的时机。（孩子在这个年龄看起来似乎还有点小，但是在我们的社会中，这个年龄恰恰是一个人开始承受压力的时候。在这个时期，孩子们开始在学校里天真地谈论性的话题，久而久之，错误的认识就形成了。）提前告诉你的儿子，你正在筹划一个庆祝活动，准备和他一起度过。最重要的部分是让他选择一家饭店，共进晚餐，不过这次晚餐有特殊的意义——他选择的这家饭店应该是成年人用餐的饭店，而不是儿童喜欢光顾的西式快餐店。

当这一天来临的时候，一定要安排一些时间让孩子和父母都坐下来谈一谈。如果你是单亲家庭，这种方法也很有效。事实上，这种方法很简单。提前筹划，想好你要对孩子说的话，这种做法很有益（这个时间不是用来争论的）。然后你们可以平心静气地坐下来，跟孩子谈论性，并告诉他你这样做的目的。

给孩子讲男性与女性身体的不同，语气要自然。（我们发现这样做确实具有挑战性。当我这样做的时候，我们的儿子显得有点不知所措，但又有点渴望了解。这是任何首次体验都会有的真实感受，并不意味着这个方法不好。）

每一个参加者都可以说出他们对性的看法。他们可以传递这样的信息：性是美好的，他们的儿子也会享受它——从手淫到真正的开始，以后会和人生伴侣一起享受。（而且以后会享受更多，这一点需要母亲来强调！）我们需要提示的一点是，在孩子的这个年龄段，如果你不知道你的孩子是否喜欢异性，那么装作若无其事的样子经常提到这一点的话，会对孩子产生好的影响！

你们坐在一起的时候，你可能会想喝点香槟酒，接着就可以庆祝你的孩子进入青春期了。当晚餐吃到一半的时候，应该谈论一些孩子长大后的美好的事情（但是不要刻意强调"性"），同时也该花点时间回忆一下孩子小时候的生活，说点他小时候有趣的事，以及一些有意义的事情。父母如果带一些照片来，就更能烘托气氛。可以肯定的是，这一定是一个有意义的夜晚。这样做也会给孩子一种特别的感觉，会让他产生一种新的责任感，这是对他的一种尊重，让他感觉到父母不再拿他当小孩看了。（在有些国家，处于同一年龄段的女孩也会受到父母的这种关照，她们说，虽然当时感觉有点不知所措，但是后来发现确实很有意义。）

当性走向误区

在一个郊区宾馆里，3个成年男子挤进一个房间，接着关上了门。17岁的女服务员面色紧张，因为这种情形以前也曾发生过。这几个男人围着她，开始谈论她的衣服，用下流的口吻打听她的性生活。当他们最后离开的时候，她已经哭成了泪人儿。

一个年轻的大学生在网上发了一个帖子，在帖子中讲述了他的怪诞故事：他抓住一个年轻的女人，对她进行性侵犯，然后杀死了她。这个年轻的女人是一个真实存在的人，就是跟他同班级的一个女孩，他将这个女孩的名字也写在了故事里。警察审问了这个年轻人，却不知道该如何处置他。

一群医学院的男学生住在一起。他们在厨房的门上贴了一张女护士名单，这些女护士都在附近的疗养院工作。如果有人成功"勾引"到了哪个护士,就会画去她的名字。

上述行为就像是好色之徒所为。"好色之徒"这个词是用来形容那些只对性感兴趣而对其他事情漠不关心的人的。他们利用了你之后,就会抛弃你。你可能会希望这种人越少越好,然而,低俗的思想却在十多岁的少年中流行起来,这一点仅从他们谈话的方式就能看出来。在更衣室里,虽然不会有女人出现,但是男孩们在这里低俗地谈论女人和女孩的方式也会让人感到不安。这种群体的人数越多,这种谈话就越多。但令人感到奇怪的是,在现实中,大部分男孩对他们熟悉的女人是非常体贴和尊重的。这种谈话只不过是为了证明自己是男人而已,但有些人可能不是开玩笑。他们在这一阶段表现出的态度就是他们的现实感受。继而产生的一个比较严重的问题是,既然男孩文化会塑造他们的生活态度,那么在这种氛围中的男孩就应该思考如何与女人交流,如何去感受女人,以及如何在她们面前做到举止得体。

性的本质

我们希望男孩为自己身为男性并拥有正常的性意识而感到自豪。但一些消极的信息却铺天盖地,其中尤以新闻媒体的传播最为严重。十多岁的男孩喜欢看一些关于强奸或者恋童癖的电视新闻,还会阅读报纸上有关性犯罪的可怕报道。处于青春期的男孩往往躁动不安。大部分男孩到十三四岁的时候就会有强烈的性冲动,也会对周围的女性产生幻想。睾丸激素在他们的体内汹涌澎湃,让他们的身体无法平静。处在这个年龄的男孩每天至少要手淫一次。他们的性欲是旺盛的,一触即发。然而,这时却没有人引导他们,甚至有关这方面的讨论都很少。因此,男孩的内心充满了疑惑。他们很想知道是否有女孩会对他们感兴趣,自己的想法是否能得到理解。

> **小贴士**
>
> **想做女孩的男孩**
>
> 有一个问题困扰着许多父母,那就是他们的儿子喜欢女孩的打扮,或者更确切地说,他们的儿子想成为一个女孩。艾莉森·苏特是澳大利亚的心理学家,她对3个英国男孩的"性别认同障碍"[①]进行了15年的研究——这是个好消息。
>
> 艾莉森认为,期望成为女孩的想法——打扮得像女孩,或者行为像女孩——对男孩来说是非常正常的。艾莉森认为这是孩子成长中的正常现象,并不是一成不变的问题。对父母来说,最好的处理方法是宽容,或者给他们提供一些帮助,使他们免受嘲弄等。这与同性恋是没有关系的,她研究的男孩在青春期后期克服了这种"紊乱"状态。
>
> 男孩想变成女孩的想法往往会受到同龄人的鄙视,因此,男孩如果有这种想法,必须意志力坚强,能顶得住别人非议的压力。要压制这种想法是非常痛苦的,如果非要这么做的话,很可能会使孩子们产生出极端的心理问题。当艾莉森·苏特在一个英国电台讲述她的研究时,很多男性易装癖者(那些喜欢打扮得像女人的男人)打电话告诉她,小时候,他们不被允许穿得像女孩一样,但这更加坚定了他们这样做的决心。强行阻止很可能会适得其反,使孩子变得更加沉迷。

---

① 性别认同障碍是一个精神医学用语,是指一个人在心理上无法认同自己与生俱来的性别,相信自己应该属于另一种性别。——译者注

> 被嘲笑是一种令人痛苦的经历，由此可能会产生其他问题，那些患有性别认同障碍的男孩需要别人的帮助以免遭嘲弄。比如，那些求同存异、能够接受不同的观点、对待差异比较宽容的学校要远比那些墨守成规的学校好，也比那些总是对学生进行威吓的学校好。对孩子们来说，学习一些免于被别人嘲弄的策略也是非常重要的。
>
> 艾莉森·苏特尚未明确应如何纠正性别认同障碍，但是她研究的3个男孩的父亲不是残疾人就是疾病缠身，因此孩子的家教非常严格。父亲的这种行为在家庭生活中起到了一种良好的作用，这种作用是有预防性的，从而使男孩明白，男性角色其实更有魅力。

性知识包括两部分：做爱以及更高层次的态度和价值观问题。有关性的实用知识最好从孩子蹒跚学步起就开始在谈话中教给孩子。对于性的理解，最关键的是孩子对性采取什么样的态度，而这种态度主要取决于父母和一些成人的取向。如果你不讲一些关于性的事情（不管是对还是错），他们将会从他们的朋友和电视中获得有关性的知识。请务必让你的孩子对性形成正确的认识。

为何性得不到尊重会使人受到伤害

在我上中学时的班级里，有个胸部发育较成熟的女孩珍妮，她的胸部比同龄的女孩大很多。我们班有两个比其他孩子的年龄大一点的男孩，他们喜欢坐在教室的后面。每当珍妮进入教室的时候，他们就会发出粗鲁的呼哨声。我们大家都希望他们能停止这样的行为。在这个时候，珍妮虽然表现得很友好，但是她的自信心在减少——他们把她的生活弄得一团糟。我期待有一种强有力的男孩文化能约束他们，让他们停止这种行为，让他们认识到自己这样做是多么愚蠢和粗鲁。

另一个例子是我在学校里的一个好朋友，他叫约瑟夫，是马耳他人。因为他长得有点矮小，或者因为他是个移民，他班里的一些同学给他取了个外号，叫他"娘娘腔"。他们做游戏的时候会避开他，不跟他一起玩。约瑟夫与其他同学越来越疏远，最后不得不转学。

当我回想起这些事的时候，我会非常内疚和自责，后悔自己当时为什么不加以阻止。在我们的大家庭里，我们允许年轻人谈论"娘娘腔"或者"乡巴佬"，但是绝不允许有第二次。

许多男孩的"好色"言行确实出于愚钝，而不是恶意。如果旁边有成年人或者其他正直的男孩，这些男孩就会立即改口说一些无关痛痒的事情，并且马上停止这种诬蔑别人的行为。比较小的男孩可能会感觉到这种变化，其他人也会随即打住。男孩文化在这一段时间里实际上是男孩们一同摸索的结果。

在群体生活中，男孩需要学会一些技巧，使自己向更好的方向发展，而他们只有看到别人曾经很好地处理类似的情况后才能学会。我在学校里工作的时候，经常注意到这样一种情况，那就是当一个孩子在运动中受伤，一个较大的孩子会非常懂事地去帮助他。而有些时候，其他人只是对受伤者进行嘲笑和羞辱，如果伤者情况真的很严重，其他人顶多感觉有点尴尬或者干脆把头扭过去不予理睬。

对于许多男孩而言，他们与朋友谈论自己的事情时存在一些困难，这是他们的问题。朋友在交谈的过程中，会产生一种深层次的友谊，但是许多男孩在这种交谈过程中得不到理解和安慰。我在孩提时代时，男孩之间没有一次真正深入的讨论。与此同时，女孩们都在喋喋不休地谈论其他事情。其实，男孩之间的确有很多问题需要探讨。坐在我旁边的男孩经常被他酗酒的父亲打骂，另一个男孩的父母在他高中毕业的那一年离了婚。虽然我一天有 8 小时和他们在一起，但在之后的几年里，我知道的仅此而已。

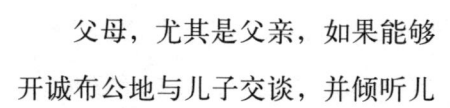

父母，尤其是父亲，如果能够开诚布公地与儿子交谈，并倾听儿子的问题，那么他们的儿子就很可能将处理问题的技巧传授给他的同龄伙伴们。这样，情形就会大不相同。

男孩对女孩的感受

男孩在十六七岁的时候认为女孩都很出色。他们嫉妒女孩可以从容地谈笑风生，嫉妒她们的机智，也嫉妒她们优雅的体态。但是最重要的是，他们知道女孩在诱惑他们，让他们充满期待，但又无法得到。除此之外，大部分男孩都对异性充满想象。他们心中都有属于自己的高贵和纯洁的女孩形象。

尽管生活在现实中的女孩也会遇到一些麻烦，可是与男孩相比，女孩更擅长与人交流，而男孩几乎不知道对别人该说些什么。在高中阶段，跟同龄的男孩相比，女孩的身体更显成熟。跟那些

胸脯凹陷、个子矮小、呆头呆脑的男孩相比，她们看起来就像是天使。

女孩似乎浑身都是优点。许多男孩（尤其是那些不擅长运动、衣衫不整、长着大鼻子、身材肥胖或者身材瘦小的男孩）开始认为，他们永远无法跟女孩交流。他们感觉自己永远得不到女孩的青睐，这种观念在他们的心里留下了深深的烙印。

事实上，不仅男孩有这种茫然无措的感觉，女孩也经常感到窘迫。她们其实愿意与男孩交往并分享友情。如果男孩稍微懂一点交际或者稍微大胆一点，他们会发现彼此有很多相同的地方，进而会对继续交往产生信心。相反，如果女孩之间窃窃私语，嘲笑男孩，而男孩对女孩非常反感，甚至辱骂女孩，那么他们只能互不理睬，各怀心事。

就是在这一阶段，男孩的"色欲"开始滋长。（"如果我不能博得女孩的欢心，那我就要控制她们。"）并不是艳女杂志和电视上的色情镜头助长了男孩的这种思想。"只准看不准碰"的社会约束在男孩的心底深处形成了一种对性的强烈不满，甚至愤怒，这种愤怒并不是莫名其妙的。如果男孩得不到与现实中的女孩沟通和交流的机会，他们很可能会开始幻想如何控制或操控女孩。他们对待女人的态度存在偏差，而他们与女孩交往的能力不足，这使他们的境况变得越来越糟。

毫不隐瞒地说，一些广告会利用图片抓住男孩的性心理，男权运动与女权运动都对这一

做法感到愤怒。几年前,澳大利亚超级名模艾拉·麦克弗森在阿德莱德市表演。当她出现在舞台上的时候,一个年轻人跳上舞台,大声喊道:"你是个婊子!"保安上来驱赶他,接着他从舞台上跳下去摔死了。

不知道为什么,在利用性做广告宣传的过程中,商家缺失了善意。父母对于这种广告宣传感到非常愤怒——他们反对并不是因为他们不喜欢性,而是因为这样做会让孤独的年轻人堕落。

这种低俗的思想最终导致男性强奸女性,或者成年人侵犯自己的孩子,或者男人沉迷于其他不正当的性行为。

许多不善于自我调节的男人从小时候开始就对性和爱情有一种强烈的自卑感,这使他们成为乏味的恋人,他们的妻子很快就会对他们失去兴趣。这使男人对性感到绝望,使他们不敢去爱,最终对一切都感到绝望。我怀疑这就是造成离婚的罪魁祸首。如果男孩能从父母和朋友那里得到赞美、爱和尊重,他就可能拥有一生的幸福。

男孩如何压抑自己的身体

男孩一旦到了上学的年龄,就会开始压抑自己的感受。小男孩感情丰富,精力充沛。但是在混乱的校园里,他们很快就会以那些有用而健康的情感为耻,比如悲伤、恐惧或者脆弱。为了让自己适应学校的生活,男孩会变得冷酷,肌肉紧绷。如果你摸一下10岁男孩的肩膀,就会发现他的肌肉绷得跟岩石一样硬。

接着,在某一天,青春期不期而至。在一个受压抑的身体中,其中一部分突然迸发了活力,就像幼芽穿破冰冻的土壤一样!男孩突然感受到一种奇特的活力,一种兴奋。这一切都集中在一个部位——他的阴茎。

男孩感受到这种活力,这就是他们喜欢重节拍的原因,也是他们喜欢活动、速度和危险的原因。他们本能地知道这样做可以使他们向成年人转变。

> 我浑身充满了活力!

如果一个男孩非常喜欢自己的身体,经常拥抱自己的妈妈、爸爸和姐姐,他也会找到很多方式来让自己感觉良好,比如跳舞、敲鼓等活动。对于这些男孩来说,性承载的负担并不是很重,它是一种快乐,而不是一种困扰。

保持开放和积极的心态

父母不能因为儿子对性或者女孩的错误认识而奚落他,这样做是雪上加霜。当观看电影、电视或在吃饭时讨论到这个话题的时候,一定不要刻意回避。男孩10岁以后会在交谈中经常使用有关性的词汇,诸如手淫、做爱、性高潮,甚至还会用一些更不雅的词,比如强奸和乱伦。对待性持更加开放的心态是对孩子进行性教育的一个重要方面。

此外,可以利用幽默。当电视上出现涉及性的镜头或者在交谈中提及性的时候，如果你注意到儿子在痴笑，或者做出一些愚蠢的反应，就不要视而不见。跟他谈一谈，了解他的想法，让他知道什么是对的。在谈话的末尾要讲个笑话，缓和一下紧张的气氛。要采取一种积极的态度看待事物。改变儿子对性的消极认识的良方就是热情、幽默、开明地处理事情。

如果妈妈是慈爱的，欣赏儿子的魅力（但不要用轻浮的态度），如果爸爸对妈妈非常尊重（并以积极的态度和尊重的方式表达对妈妈的爱），那么男孩就会在与女孩交往的过程中学会如何运用魅力和平等。在校内或校外组织里，如果鼓励男孩和女孩互相交谈和交往，并让他们顺其自然地发展友谊，他们就会摆脱忸怩并了解到更多有关异性的常识。这样一来，他们就能学会如何建立友谊，将来就可以学习如何恋爱了。

近年来，社会流行趋势对青少年的性认识产生了消极作用，如性感的服饰、广告宣传和电影中的某些行为都带来了负面影响。孩子们抵挡不住这样的诱惑。不要把男孩的异性朋友称为"女朋友"："她是你的女朋友吗？真可爱！"尤其是孩子才刚刚 5 岁的时候！

真情是培养出来的

在 20 世纪 60 年代，人类学家詹姆斯·普雷斯科特曾经主持进行了一项大规模的研究，主题是不同文化背景下儿童的养育和暴力倾向的关系。研究发现，在孩子小时候给他们的抚摸和关爱越少，孩子长大成人之后的暴力倾向越严重。这清楚地表明，孩子在生活中得到的亲情和温暖越多，他们长大成人后就越有安全感，也更加热爱生活。（性犯罪者和其他性心理扭曲者几乎都曾经有过不幸的童年经历。）我们可以用温暖和关爱来呵护儿童，使他们不再有伤害他人的想法和需要。

学习尊重女性

"男孩危机"这种现象确实存在吗？近年来，在中国，人们已经对这一话题展开了诸多卓有成效的探讨。一些知名学者认为，男孩危机确实存在，但未必是坏事，因为新生代的男性正在降生，他们会让家庭乃至整个世界变得更加和谐。他们善良、宽容、友善、礼貌，对待女性更是如此。

在接下来的几节，我将尽量简要地探讨一个重要而复杂的话题。只要你想想身边那些生活幸福又美满的人，你就会发现，他们总是非常善于与异性相处。能否赢得女孩（以及长大后能否赢得女性）的喜爱和尊重可能会决定男孩一生的成败。要想赢得女性的青睐，男孩就必须发自内心地尊重女性，而这是你可以教给儿子的东西。如果你是一位母亲，你就天然地是他与女性打交道的陪练。如果你是一位父亲，你就得教他如何善待女性，还得亲身垂范。这件事情特别重要，可许多父母往往忽视了这一点。尊重和善待女性的态度要自幼培养，青春期尤其重要！

（本节译者：美同）

厌女症及预防

什么是厌女症？为什么这个话题很重要？我们先厘清概念。不难理解，厌女症就是讨厌女性。

过去，我一直搞不懂为什么会有厌女症。在我眼里，女性无比美好。我喜欢和她们在一起。她们古灵精怪、聪明伶俐，又温润如水。我爱她们甚至胜过爱我自己。然而，并非所有男性都跟我一样，这是怎么回事？

想象一个在问题家庭中成长的男孩，例如在20世纪80年代或更早的时期。他的母亲承受着极大的压力，也许她尚未做好要孩子的准备，也许她婚姻不幸福，或者家里经济困难。

由于母亲自身境况不佳，总是用愤怒和不耐烦的态度对待孩子，孩子就无法获得他需要的温暖和安全感。他认识的第一位女性使他产生了剧烈的内心冲突。他既渴望得到母亲的爱，又对她感到愤怒和恐惧，担心被她伤害。

接下来，我们继续想象：男孩父亲的处境也颇为艰难，孩子哭泣或吵闹都会惹他生气。如果这位父亲一贫如洗，或者自觉比不上身边的其他男士，或是在职场上遭遇了挫折，这些情况都会让他抬不起头来。这是男性最不能忍受的耻辱。他发现妻子不爱自己，又不知该如何赢得她的爱与尊重，于是他退而求其次，转而去控制她。他打妻子，打孩子，以宣示"老子说了算"。

研究发现，经常遭受体罚的男孩成年后攻击他人的可能性超过平均水平的 3 倍。多次目睹父亲打母亲的男孩长大后认为男人可以打女人的可能性也超过平均水平的 3 倍。（幸运的是，有的男孩正相反，他们发誓永不伤害女性。）

此外还有生物学因素。大多数男人和男孩都很想得到女性的爱。从大约 14 岁时起，男孩就会产生与女孩亲密接触的强烈需要（但我们的社会并不允许未成年人做出这样的行为）。这时，这个男孩就得具备足够的社交技能来赢得这样的爱。有的男孩可能长得帅，或者嘴巴甜，因此能赢得女孩的好感。但倘若不具备这些优势，这个男孩就会感到格外失落。爱情的幻灭是极为痛苦的。这时，沮丧情绪就很容易转化为愤怒，于是他指责女性，并在心里诋毁她们。在互联网上，他的这种态度还会得到许多支持和鼓励。

在中国，网络上的色情内容并不像西方世界那么泛滥。但中国网络上的色情内容也常常是厌恶女性的。对女性的伤害和诋毁正好满足了某一个男性的心理，还进一步巩固了他对女性的歧视和偏见。

渴望于是转化为厌恶。

为了说明问题，我不得不举了上面的例子。你的孩子很可能不是这个样子，因为你关心他，还为了理解他而研读图书，这说明你的境况是相当不错的。但是，当孩子长大后，他身边还是会存在这样的偏见，例如他会遇到抱有这种态度的男孩，或者接触到宣扬类似观念的媒体，所以你还是得跟孩子聊聊这件事。

关于女孩，特别是性这样的重量级话题，一开始跟孩子聊往往会非常尴尬。但只要聊过几次，你就会有满满的成就感。这就像是大热天去河里游泳，开始觉得冷，但很快就会感到特别舒服。你正在与孩子建立这样一种关系，他可以毫无顾虑地跟你讲任何事情，可以犯错并认错，而你也可以为他答疑解惑。母亲可以帮助孩子理解女孩以及她们的兴趣和喜好，可以让孩子更自信地跟女孩说话，相信自己是有魅力的、值得被爱的。父亲也可以帮助他。

帮孩子克服厌女症时要注意以下三点：

1. 两性是平等的。男性和女性、男孩和女孩具有同等的价值。虽然两性在优势和劣势方面存在差异，但男性能做的事女性基本也能做，反过来也一样。

2. 女性的力量往往弱于男性，所以男性不可以对女性使用暴力，或者任由朋友或其他人这样做而不去制止，这非常重要。

3. 性是人生中非常美妙的事。它畅快淋漓、激烈无比，又情意绵绵。把这些告诉孩子，让他知道你希望他在人生中充分享受性的美好。然而另一方面，性也是十分危险的，要非常谨慎地对待。

要确保女孩对做爱表示了"积极的同意"。违背女孩意愿的性行为是犯罪，会对女孩造成可能持续终生的巨大伤害。此外，为了性爱用酒精迷惑女孩，对女孩施压，或者利用负疚感等情感控制女孩都是错误的做法。告诉孩子，他永远都不可以做这样的事。

"积极的同意"是性爱的前提。与此同时，他也不能允许女孩逼自己做爱，或者利用性来让他做违背自己意愿的事。他也得听从自己的内心，不违背自己的真实意愿。这是相互的！

总之，你有责任让你的儿子加入为男女老幼等所有人争取平等的洪流中。一个平等的世界是人尽其才的世界，也是人类能携手面对所有问题的世界。

这样的世界会有意思得多。

（本节译者：美同）

一些实例：手淫和情色书刊

苏格兰喜剧演员比利·康诺利以坦诚而著称，他曾经对手淫发表过看法：

> 手淫的一个好处是你不必有英俊的外表……我记得自己的第一次性体验是非常恐怖的。那是一个黑夜，我又是独自一人……你知道，我永远不反对手淫。它是我们当中一些人仅有的性体验。我就是这样做了早上才会感觉充满活力。

所有的男人都会手淫，不论是他们小时候、结婚后，还是老年时期都会这样做。这是让精子保持更新的简便机制，也是享受快乐时光的简单方法。但是事情并不是这么简单。就像做爱不仅仅是纯粹的身体运动一样，手淫还是年轻人获得良好的感觉以及自我认识的途径。性高潮（这是一种没有负罪感的体验，是在身体放松和思想无拘无束的状态下产生的）是真正的心灵体验。在几秒钟之内，你的身体化作虚无，大自然的音律占据了你的全身——而所有这一切触手可及。

父母需要做的是以下两点：

1. 让男孩知道手淫是可以的。

2. 教给他这些知识后，要尊重男孩的隐私。告诉他使用纸巾，这样可以避免流出来的东西弄脏床单、睡衣和枕头。

情色书刊这个问题比较复杂。曾经有个父亲问我："我的孩子14岁了。他在他房间的墙上贴满了裸体女郎的画。这样做行吗？"（我对这个问题很感兴趣！）

我问："对这个问题你怎么看？"

他说："我真的感觉很不舒服。"

我问："那你的妻子呢，她怎么看？"

他说："她也讨厌那些画。"

我问："嗯。我觉得你们两个都应该听一听我的意见，这是很重要的。女人展示她们的身体并没有错，而男孩欣赏和迷恋她们也没有错。问题在于该在什么地点、什么时候对什么人展示。如果一个男孩有这样的报刊，他该悄悄地藏起来自己看。这样他的妈妈就不会因为看到这些图片而感到不舒服了。如果她反对这些东西，甚至没收，这也行。做丈夫的应该支持妻子。"

我把这个问题贴在网上的一个爸爸聊天室里，立即引来很多非常精彩的反馈。大部分成年人都还记得他们在这个年龄也曾收藏过这种图片和杂志。但是他们也注意到，那个时候的图片比现在的要粗糙多了，而且也不好找。那些东西只能留在记忆中了。

这个年龄的孩子确实发生了很大的变化。对于13岁以下的孩子接触性感女郎图片这件事，大部分父亲都是反对的。他们认为，这会让孩子性早熟，会妨碍他们的成长，他们在这个年龄是不应该做这些事情的，他们同女孩之间的友谊还没有升华到性的阶段，因为他们在心理或者生理方面还不成熟。

一个男人写道："我会让 14 岁的儿子把他的杂志藏起来，不要再让我看到，否则我就没收。但如果是一个 9 岁的小孩，我会直接把这种东西拿走，扔到外面去，并告诉他我为什么要这样做。"

禁止并不起作用，男孩会在同学中间传看的杂志上或者网络上看到这些图片。父母需要做的是紧紧盯住他们，才能阻止那些不健康的东西在孩子们中流传开来，也就不会让孩子因为感兴趣或者好奇而感到害羞。

情色书刊有其教育意义，男孩的好奇也是自然的。男孩想知道女人到底是什么样子的。他们想看到女人的生殖器官，想知道它是什么样子！

当男孩看到这些图片的时候，你可以引导他，告诉他这些图片表达的意义，告诉他为什么市面上要卖这些杂志，图画描绘的是什么，以及这些图画是否尊重女人（有些是，有的不然）。父母应当更好地帮助他们的儿子，替他们寻找更健康的相关书籍来阅读。这个阶段很微妙，但也不是无法逾越。在做这些事情的时候，要保持幽默感。

如果男孩很少见到女性的裸体，那么这类影像会经常萦绕在他的脑海中。如果他经常看到自己的妈妈和爸爸在浴室里的裸体的话，他就不会过分关注裸体——他只会将女人看作具有美好身形的人而已，而不会产生淫欲。当我们的孩子看到那些有魅力的女人时，我们要让孩子想一想，她不仅有魅力，也是一个有感情的人。但是很多情色书刊却剥夺了女人的人格尊严。

与跟配偶做爱相比，有些男人更喜欢看着杂志手淫，这样的例子不胜枚举。图画是"没有感情"的，那些害羞的男人可能更沉迷于此。这也是一种平衡。

父母也必须教育女儿，不要滥用自己身体的魅力向男孩炫耀或者调戏他们——对那些低俗的家伙来说，这两种方法都能起作用。性的前提是双方互相尊重，互相喜欢。性是爱的一部分，而不是营销的工具。

如果儿子是同性恋

在我们的宝宝出生之前,我们可能就已经给他规划好未来的生活了!我们的梦想是多么的平凡啊,就是希望儿子有份工作,将来结婚生子就行。但是当你发现十几岁的儿子是同性恋时,许多美好的愿望就破灭了,取而代之的是让你恐慌的想象。你的痛苦和忧虑是很正常的。

部分问题是由那些思想窠臼引起的。当澳大利亚的"同性恋大游行"成为声势浩大的活动时,那些伤心的父母却不为所动!这几乎就是同性恋生活的真实写照。

当这一切都无法改变的时候,那些有同性恋儿子的父母的烦恼就会变得和其他父母的烦恼一样了:你也想让儿子过上幸福的生活,你也期盼儿子能够通过负责和尊重自己的方式来处理自己的性取向问题,你也希望理解和接受他的生活方式。

十几岁的同性恋男孩需要我们的支持。毋庸置疑,他们是在冒险——是在跟我们的反对做斗争,是在这个残酷的世界里冒险。现在我们开始相信,许多年轻人自杀实际上是由于其他年轻人发现他们是同性恋。同性恋儿童需要父母的倾听和理解,使他们不会受到伤害或者虐待。

思考"为什么会这样"或"我们哪里做错了"这样的问题并没有什么实际意义。答案是很明显的,一些婴儿一开始就在某种激素比较多的子宫里孕育,而正是这种环境使儿童的大脑发育为同性恋、双性恋或异性恋。(至少有5%的年轻人是同性恋或双性恋。)

有时候家庭环境也很重要——一些男同性恋的父亲和他们很疏远,对他们很严厉,于是他们就从同性那里获取父爱。但是这一点并不能决定人的性取向。如果试图和男同性恋谈论为什么他会是一个同性恋,会让他们感到压

第 7 章
培养健康的性

抑和绝望。

同性恋的生活确实有它不好的一面，通常伴随着孤单和排挤。但是如果你热爱并支持你的儿子，他就不会厌恶自己或者绝望，而会更加自重，并且很注意性生活的安全性。生活中有许多幸福和成功的男同性恋和女同性恋。

如果你的儿子是同性恋，你该见怪不怪，并学会如何来面对。这是个很好的建议。在杰克·汤普森主演的一部优秀的澳大利亚电影《他不怪，他是我儿子》中，父亲对同性恋儿子的态度是非常积极的。另一部很有震撼力的电影《神父》，是矛盾和直率的，对同性恋生活的危险和可能性进行了很好的刻画。

有一个同性恋儿子可能会令你感到孤独——你感觉自己和其他父母不一样。与其他同性恋者的父母交流是一件很有意义的事。在一些中心城市会有同性恋者父母建立的组织，这些组织可以给你提供支持。你的同性恋儿子可以把你带入一个新的世界，在这个世界里会有很多让你感兴趣的出色的人。

小结

1. 教孩子区分喜欢、爱和色欲的不同。

2. 当孩子 10 岁的时候，举行一个小仪式庆祝他长大，并告诉他一些有关性的知识。

3. 教育你的孩子尊重所有的人，让他远离不健康的性行为。帮助他创造氛围以及举行一些活动，这样他就可以和女孩正常交往了。

4. 记住，男孩也想得到别人的爱，而不是仅仅喜欢性。

5. 帮助他们保持身体的活力，比如可以让他们学习跳舞、音乐以及运动项目等。

6. 真情是通过接受学会的——从婴儿时期就开始了。真正懂得人之常情是在 3 岁的时候学会的。

7. 男孩必须学会发自内心地尊重女性，并且树立健康积极的性价值观。

8. 手淫不仅无害，而且是有益的。

9. 不鼓励孩子看情色书刊，适时地与其讨论这个话题。不要因为孩子对情色书刊感兴趣就羞辱他，要告诉他什么样的情色书刊是健康的——尊重人的、令人愉悦的、与爱相关的。

10. 妈妈可以告诉儿子，女孩喜欢与什么样的男孩交往——善良、会沟通、有幽默感。

Raising Boys

第 8 章

学校教育改革

Raising Boys

　　克服学习障碍需要满足两个条件：时间和方法。满足这两点并不是一件容易的事，需要付出一定的努力。如果孩子的父母关心他们，愿意陪在他们身边，这些孩子会飞速进步。这需要父母的决心和毅力，并寻求专家的帮助；不要忽视孩子或敷衍孩子；与学校协商，请学校给孩子提供特殊帮助。当孩子遇到问题时，一定要和其他孩子的父母讨论，主动采取措施，直到孩子的情况有所好转。

第 8 章
学校教育改革

在当今社会，许多学校犹如战场。老师们在超负荷工作，背负着巨大的压力，却拿着微薄的薪水；孩子们在家中得不到很好的教育（文明的举止、平和的心态以及被人需要和有人疼爱的感觉）。男老师的数量少得可怜。越来越多的女生受到喜欢惹是生非的男孩的威胁。教室变成了为生存而战的战场，男生想让女孩听话，而女生想制伏男生。

因此，男孩不仅给别人制造压力，他们自己也生活在重压之下。几乎在任何一门功课上，女孩都优于男孩。为了大家的利益，我们必须行动起来，激发男孩，使他们奋发上进。

我们前面已经讲述了男孩和女孩在大脑结构上的区别、男孩的体内激素对他们造成的影响，以及他们为什么需要男性榜样。据此我们认为，如果想把学校变成男孩喜欢、向往的地方，我们必须对学校进行改革。

比女孩晚一年入学

总体而言，支配男孩完成精细动作的运动神经以及认知技能的发育都迟于女孩，因此让男孩比女孩晚一年入学对他们大有裨益。这样的话，一般来说，班里男生的年龄会比女孩大一岁。（一些学校已经开始这样做，结果证明，这有利于男孩的发展。）

当然，也没必要刻板地要求这一点。如果想判断是否有必要让孩子晚一年入学，可以简单地测试他完成精细动作的情况，同时也要和父母以及学校的相关负责人协商。今天，一些父母在孩子的教育问题上所持的观点是尽早入学，赢在起跑线上！因此，学校不得不出面劝阻他们。

一旦给父母解释清楚利弊，一些父母是能理解这种做法的。能理解并接受这一点的父母通常是体贴孩子、细心观察孩子的父母。一直以来，男孩到底应该什么时候开始上学是一个存在争议的问题。这也应该视男孩的实际能力而定，而远远不是一个依靠理论就能决定的问题。一些发育迟缓的女孩同样可以推迟入学年龄，晚一年入学对她们同样有利。

学校需要更多合格的男教师

当今社会的离婚率越来越高，单身母亲也日益增多，这种不正常的现象导致的直接后果是，有1/3的男孩得不到爸爸的照顾。对于男孩而言，6～14岁这个年龄段正是他们需要得到男性的鼓励和男性榜样的时候。因此，小学应引进大量的男教师，这是至关重要的一点。当然，这并不意味着只要是男性就可以，他们必须是合适的人选。

我曾询问过很多老师，让他们解释什么样的男教师才适合和男孩在一起。很多老师的答案中都有这两点：

1. **严厉而不乏热情**。有些人就是喜欢和男孩们在一起，并在适当的时候鼓励他们。他们并不一定要成为男孩中的一员，但是需要表现出些微的粗鲁，但绝不能粗俗！这意味着秩序优先。这样，男孩就能完成作业，快乐地旅行，积极地运动，等等。而且，他们必须为人热情，幽默感十足。

2. **不放弃任何一个男孩**。男教师要负责看管男孩们，且不应放弃任何一个受体内睾丸激素驱使的男孩。老师不必证明什么，也不必害怕那些精力旺盛的男孩们的威胁。

一位聪明的女教师说："在我任教的学校里，受到男教师排斥的男孩会一直被排斥，下一位男教师还会和他发生冲突。这是一场意志之争，一旦闹僵了，就没有回旋的余地了。"

纪律问题需要男教师的参与

男孩为了引起别人的注意，会故意制造麻烦。通常没有父亲管教的男孩在学校会不守纪律。得不到父爱的男孩在不知不觉中会想吸引男人的注意，向他们诉说自己在生活中遇到的问题，但是男孩不知道应该怎么做。女孩会请求别人的帮助，而男孩通常会慷慨地给予她们帮助。

如果我们让男教师参与到这些得不到父爱的男孩（最好在他们陷入麻烦之前）的生活中去，这些男孩的生活就会发生翻天覆地的变化。如果男孩还是陷入了困境，那么男教师应该和他们一起解决出现的具体问题，给他们明确的指导。

近期的研究表明，学校里有些男孩看似什么都不在乎，实际上却非常渴望成功，渴望融入集体生活，只是我们对他们太苛刻了。我们惩罚他们，却没能指引他们。

可悲的是，太多胆小怕事的人掌管着学校，他们一直在压制男孩们的活力。男孩们旺盛的精力对他们造成了威胁，他们不得不压制孩子们。体罚是他们常用的武器，此外，他们还通过无聊乏味的工作来消磨男孩的意志。现在，他们要么制止，要么就是让孩子自己反思，要么就用官僚式的长篇大论来教育孩子。曾经有一位老师这样对我描述他所在学校的纪律体系：规定繁多，缺乏说服力，丝毫不为学生着想。这样做就在心理上疏远了孩子，而不是更贴近他们："如果你表现不好，我们就孤立你。"正确的做法应该是："如果你急需帮助，我们将满怀热情地帮助你。"

打造充满活力的教育环境

学校的学习环境看上去似乎是专门为老年人打造的，而不是为精力旺盛的孩子服务的。一进学校，每个孩子都应该表现得安安静静、优雅得体、温顺听话。激动、兴奋与这种环境格格不入。（不过，一些出色的老师会想方设法使课堂充满活力、充满乐趣，一些孩子也领会到了这种精神，因此能很好地配合老师。）

学校要求的这种顺从恰恰与男孩的本性背道而驰。青少年时期正是活力四射的时期。男孩（和女孩）渴望在他们敬佩的老师（男老师或是女老师）的带领下，充满激情、全身心地投入学习，不仅跟着老师学习知识，还能认识、了解、走进老师的世界，从而扩展自己的知识面，增长本领并丰富自己的精神世界。如果孩子们早上不想起床，就这样对他说："哇，今天肯定会有新的惊喜等着你！"情形就大不一样了。

有些孩子更富有激情。他们的激情和天赋（不仅仅是他们的睾丸激素的水平）会促使他们去做一些意义重大、对社会有用或者是极富创造性的事。

如果这种活力得不到适当发泄，他们必定会到处惹是生非。

父母、老师或者其他引导者应该帮助孩子释放激情。引导者并不是随随便便挑选出来的。他们可以带男孩出去用餐，并利用这段时间和他谈谈生活中他可能遇到的大事。毕业典礼对年轻人而言是非常重要的，有些人甚至对此终生难忘。在一些文化中，男孩在这一天将狂舞一夜；在有的文化中，男孩为了准备毕业典礼，要步行300公里去拿典礼上要用的东西。这样的社会知道处于青春期的男孩需要什么。

校长发挥关键作用

男校长或者年长的男教师在孩子幼小的心灵中占据着特殊的地位。他们具有象征意义，孩子会把他们看作某种权威，有时甚至重于自己的父亲。明白了这一点，他就必须责无旁贷地了解孩子，对于那些玩世不恭、惹是生非的孩子更要格外关心，一定要在他们犯下不可弥补的错误之前制止他们。如果校长或老师给予孩子足够的关心和爱护，已经赢得了孩子的信任，那么当孩子遇到问题时，校长或老师就可以直接和孩子谈，这样沟通起来就容易多了。

校长可以让男孩担任一些领导职务。澳大利亚的彼得·爱尔兰校长在《学校里的男孩》一书里提到了一个教育男孩的策略，这个策略曾在麦基洛普中学施行过。按照惯例，彼得会定期召开校园大会，参会者是一些特意挑选出来的男孩，目的是让他们参与到学校生活中，从而对学校产生一种归属感。彼得召开这些会议是为了了解男孩对学校的看法、妨碍他们参与学校生活的原因以及怎样解决上述问题。后来，参加会议的男孩们发生了翻天覆地的变化，他们认真地对待学业，积极地参与学校组织的集体活动。由此看来，他们需要的仅仅是鼓励。

心灵寄语　校长您好！

这件事发生在澳大利亚一所最负盛名的学校里。这个故事是我采访过该校后，一位家长寄给我的。这件事发生在20世纪90年代中期。

一个小男孩急匆匆地跑进校门。他几个月前才来到这所学校。他的自信在增长，但是在很多时候，他还是犹犹豫豫。他看到校长朝他走过来了。校长可是这里的国王啊！他害怕校长这样的大人物。这个小男孩鼓足勇气，抬头看着校长，因为校长身材高大。

"早上好，先生。"他说。

校长低头看了看男孩，说："你应该摘下帽子！"说完就走了。

这真的是一件小事。校长如果对他说："早上好！你叫什么名字？你在哪个班？喜欢学校吗？"那会产生截然不同的效果。

校长还可以对他说："遇到你很高兴，下次再和校长打招呼时，记得摘下帽子，好吗？"

如果校长亲切地和小男孩打个招呼，而不是对他提出要求，就能让小男孩对自己充满信心，让他感受到尊严和信任。和校长打过招呼后，他就能鼓起勇气和这个王国里的所有老师打招呼。小男孩会觉得自己是个"大人物"，而不是一个穿着短袜的小男孩。

这一分钟能使校长认识他主管的学校里的这个小男孩，同时也会使小男孩知道，自己是学校里不可或缺的一分子。这可能会对他以后的学校生活和以后的职业带来积极的影响。这个小男孩会健康成长，某天，他可能成为学校里的班干部、优秀的运动员或者成绩优秀的学生。长大成人、步入社会后，他可能成为一个优秀的男人,能给别人带来快乐。

但是机会就这么错过了。

小贴士　　家庭作业——孩子的地狱

如今,一些成功男士经常受到严厉的批评,比如被称为大男子主义者、没时间陪孩子的工作狂、傲慢的医学专家、不懂交流的管理人员。这些人在社会上地位显赫,但是他们在情感上可以说是发育不全。这些人都有一个共性,那就是他们就读的学校通常是那种价格昂贵的私立男子学校。这些学校是不是给他们施加了压力,才使他们发展不均衡?

是的。

下面是一位妈妈写给我的信:

我儿子所在的学校可以说是一所很有发展潜力的学校。这所学校设备齐全,实验室、礼堂、运动场等一应俱全。此外,学校还有一批杰出的教师。男孩们的综合素质高,能力强,擅长运动,学习成绩优异,在音乐、艺术和戏剧方面也都小有成就。

然而,一些不利于男孩发展的因素也在慢慢滋生,侵蚀着男孩们的健康。很多男孩感到莫名的沮丧,对学业心生厌恶。他们的重点发生了转移,对未来失去了方向,最终导致发展失衡。当然,这些不利因素是指孩子身上背负的学习压力,其中一个是家庭作业。

从孩子8岁起,学校就硬性规定,不管晚上有什么重要的事,他们都必须完成繁重的家庭作业。听到孩子愁眉苦脸地说还有一大堆作业要做,看着他们垂头丧气、疲惫不堪地度过整个晚上,父母会感到心疼,却又无能为力。对家长而言,更痛苦的是,看着14岁的儿子拖着沉重的脚步走回家，哭着说今天晚上不想做作业。他衣服还没来得及脱就睡着了，而他清楚地知道第二天他要面对的是什么（责骂和罚站）。这样做有用吗？难道，在漫长的学习生涯中，每天晚上坚持做繁重的作业就能顺利地进入理想的大学吗？

父母能做的就是监督孩子做作业，孩子从饭前一直做到深夜，无形之中，父母也成了折磨他们的帮凶。合理的做法是，给孩子布置少量的作业，让他们独立完成。自己愿意完成的作业比那些在愤怒和沮丧中完成的作业要有意义得多。但是，这些男孩厌倦了花费整晚的时间做作业，这使他们感到绝望，甚至发誓长大以后绝不从事需要大学文凭的职业。这是极有可能发生的。

家庭作业不仅会在心理上给男孩带来沉重的压力，也会给他的家庭带来消极影响。男孩一般是早出晚归。回到家，他通常先吃饭，然后做作业。难道男孩不应该做一些日常家务吗？但是什么时候做呢？当男孩因无法达到预定目标而感到绝望的时候，是妈妈替他收拾残局。学校为孩子们设定了未来的发展蓝图——尽管男孩们努力了，但他们永远达不到要求。学校希望父母在衣食住行上为男孩准备好一切，一切服务于孩子的学习。在这种环境中长大的男孩，以后会要求妻子做同样的事。

男孩什么时候才能玩耍？他们应该有时间玩自己想玩的游戏，做自己想做的事，可以自由支配课外的时间，以自己喜欢的方式放松紧张的心情。当然，学校应该营造气氛帮助男孩建立自信，给他们制订通过努力可以实现的目标，同时还要鼓励他们，给他们放松的机会。只有在他们感到放松、舒服时，他们才能享受到真正的乐趣。

如果学校不以那些具有破坏性的价值为准则，而是为孩子的健康成长考虑，这样的学校就是值得称道的。这些学校可以理直气壮地倡导：音乐可以娱情，运动可以娱情。这就是学校要教给男孩的东西，只有这样，他

> 们长大后才会继续弹奏乐器，继续参加自己喜欢的运动，继续辩论，继续演戏剧，因为学校使这一切充满乐趣，使他们乐意把童年的一切带进成年后的生活里。
>
> 我儿子所在的学校是这样做的吗？我想不是。

在男孩的弱项上帮助他们

语言能力和表达能力是男孩的两大弱项。正如我们前面说过的，男孩的大脑结构很难把右半脑捕捉到的感受通过左半脑表达出来。这样一来，如果男孩想掌握一种书面语言，或者口头表达自己的观点、看法并从中体会到乐趣的话，他们就需要特殊的帮助。在学校教育中，男孩有享受这种特殊帮助的权利，这并不违背男女平等原则。从学前班起，就需要为男孩加设语言、阅读、戏剧等课程。下面要讲的就是学校应该如何帮助男孩克服上述两个弱项。

> **小贴士　　科茨沃尔德实验**
>
> 在世界教育史上一直存在两大争论，它们还曾作为头版新闻被刊登在报纸上。
>
> 第一个是关于单一性别学校体制和男女混合教育体制的。让男孩和女孩分开，各自在独立的学校求学好吗？一些男孩不仅学习成绩差，还经常

妨碍女孩和较为安静的男孩。女孩的父母把女儿送进女子学校就能解决一切问题。但是男孩能去哪儿呢？

第二个争论是关于男孩的学习成绩和在校表现的。他们在这两方面做得都很差，一些发达国家已经注意到了这一现象。与女孩相比，男孩在各方面的表现都不尽如人意，尤其是在文科科目上。

男孩的这个问题正好验证了马里恩·考克斯的想法。马里恩·考克斯是科茨沃尔德中学的校长，这是一所男女同校的中学，位于英国莱斯特郡的一个乡镇。马里恩决定开展一项实验。上英语课时，男女生分开，老师分别给他们授课，这项实验进行了两年。（上其他课时，他们还是和往常一样一起上课。）

随着这种单一性别授课模式的施行，授课教师也相应调整了教材，以使学生对所学内容更感兴趣。他们不再限制男女生的兴趣发展，不再试图找出一条中间路线。老师开始按照男孩女孩不同的兴趣爱好设置课堂内容。

班级人数保持在21人左右，少于其他班级的平均人数。此外，男生班还设置了强化写作和精读课。

结果如何

这个实验班取得了意想不到的成果。在英国，相关部门会对全国14岁男孩的英语成绩进行一次统计。根据统计结果，只有9%的男孩成绩在A~C之间。（男孩们既不喜欢英语也不擅长英语！）在科茨沃尔德中学，经过两年的分性别学习后，34% 的男孩的期末考试成绩在 A~C 之间。现在，在这所学校里，取得高分的男孩的数量是以前的 4 倍。

此外，女孩的成绩也有了很大的提高！成绩在 A~C 之间的人数由过去的 46% 提高到现在的 75%。（注意，女孩的学习成绩还是远远优于男孩的成绩！）

在英国，按性别教学带来的影响已经在全国产生了巨大的反响。《泰晤士报》采访马里恩·考克斯时，她是这样说的："分性别教学带给孩子的并不仅仅是在英语考试中获得高分。他们的行为方式、注意力和阅读水平都有了很大程度的进步。我相信，如果在他们 14 岁之前，在他们还没有因为迷恋上电视、电脑而放弃学业的时候，我们就实行这种教学模式的话，成功的概率会更大。"

单一性别学校的替代模式

当我通过电话采访马里恩·考克斯时，她对我解释了这种做法的益处。男孩发现，没有女孩在场时，他们能放松下来，更好地表达自己的想法，女孩对此也有同感。她认为，相对于严格的单一性别学校而言，只是英语课分开上也不失为一个好方法。马里恩·考克斯还强调了一点，那就是自从施行这种教育方式后，有很多人来学校参观，他们都发现平时顽劣的男孩此时会变得专心致志。他们开始学着阅读，并从中得到乐趣。他们中的很多人第一次感受到了阅读的乐趣。

科茨沃尔德中学在实验过程中，相关执行者主要注意了两件事：

- 他们具有一定的理论基础，懂得绝大部分男孩语言学习技巧的发展比女孩缓慢，因此，可以从这一点着手帮助男孩。
- 他们为男孩提供了一个宽松的环境，男孩不会因为女孩在场而觉得自己愚蠢可笑，因为女孩能说会道。在这种环境中，男孩不必为了掩饰自己的不足而故作生气。男孩开始阅读诗歌，并开始尝试写诗。此外，男孩还开他的阅读习惯有所改变吗?

是的,他正在读书呢。

始参加学校组织的集体活动,比如在戏剧中扮演适合自己的角色等。

男孩必须具备的技巧

掌握学习技巧,学好英语,对男孩以后的生活至关重要。运用语言进行说理和交流的能力会直接影响到男孩以后的生活。他以后能否做一个好父亲、好伴侣以及好同事,都取决于运用语言的能力。男孩经常会产生孤独感,感觉被大家孤立,这时,表现自我就是走出这种困境的方法。如果不能很好地释放这种孤独感,他们可能会陷入酗酒、家庭暴力甚至自杀的困境。

当然,男女分班教学也不是没有风险。经常出现的一种风险就是再次使男孩陷入传统模式:男孩一起研究如何打架,女孩研究如何谈恋爱!分班教学会带来什么样的结果取决于老师的态度。科茨沃尔德中学的实验结果是鼓舞人心的:男女分班后,无论男孩还是女孩都能放松下来,摘下假面具。男孩们变得更坦率,能自由表达自己的想法,女孩变得更自信。看上去,分班教学使男孩女孩都受益匪浅。

帮助孩子们,不管是男孩还是女孩

在澳大利亚,在性别和教育方面存在着很大的争议。人们把它描述为帮助男孩还是帮助女孩的一场争论。然而，很多老师对性别问题并不感兴趣——他们只是想帮孩子。在他们的帮助下，女孩的知识面得到扩展时，他们会感到由衷高兴。当然，他们也密切关注着男孩们的需要。

帮男孩还是帮女孩，这样的争论没有任何意义。科茨沃尔德中学的实验说明，如果老师根据男孩女孩的特殊需要，制订出相应的教育方案，那么无论男孩还是女孩都能从中受益。无论是男孩、女孩、低收入人群还是少数族群等，人人都会在生活中遇到各种挑战。每个个体都是全人类的一分子，每个人都是独一无二的，因此，我们应该根据他们的个别需求区别对待。这就是学校改革的方向。

小贴士 如何识别父爱缺失的男孩

根据下面4点线索，我们可以识别出得不到父爱的男孩：

- 好斗；
- 大男子主义行为和爱好；
- 行为方式单一（冷眼旁观，装酷）；
- 蔑视女性以及其他弱势人群。

中学老师对上述特点再熟悉不过了。到底是什么促使男孩发生了这样的变化呢？

男孩之所以表现得咄咄逼人，是为了掩饰内心的不安。他们得不到男性长辈的欣赏和尊重，因此假装坚强。他们的规则是，在人们拒绝他之前，先把别人拒之门外。如果男孩平时很少和自己的父亲或其他男性接触，那么他就不知道怎样才能成为一个男人。他找不出合适的话语来表达自己，对自己没有明确的认识，也不知道应该如何处理自己的感情。他们不知道别的男性是如何做的，也不知道自己应该如何去做。其实，他们可以向其他男性学习：

- 以幽默的方式解决争议；
- 轻松地和女性聊天，而不带有任何大男子主义倾向。
- 表达自己的感激或悲伤，勇敢地说"对不起"，等等。

没有男性榜样的男孩会通过两种途径——模仿电影中的男人和自己的同龄伙伴——来塑造自己的男性形象。通常，男孩们崇拜的银幕英雄对他的现实生活没有任何指导意义。同样，他的同龄伙伴也是一群失去生活目标、需要帮助的孩子，他们无法帮他解决实际问题，他们只会怨天尤人，用一些粗俗的词来表达情感，例如"妈的""滚蛋"等。

我少年时的记忆里充满恐惧和忧虑，我害怕被其他男孩嘲笑，担心被他们殴打。我和很多男性谈论过这个话题，他们也都有同感。男孩都害怕被人嘲笑，不管他们表现得多么坚强。老师要求大家一起朗读时，他们总是跟不上节奏，为此他们感到羞愧。他们害怕老师提问，害怕成为全班的焦点。而那些学习成绩好的男孩也不是一帆风顺，他们也有苦恼。他们被人叫作书呆子、老师眼里的"红人"。因此，他们也会被人嘲笑，受到同学的排斥。如果你与众不同，想象力丰富，极有可能被看作女人味十足的男生。

那些可以从父母等长辈那里获得帮助的男生就能很好地处理这种情况，因为根据长辈的态度，他不认为作为一名男生就应该受到人们的审判。但是那些对自己的性别感到不安的男生会掩饰自己，最好的保护方式就是假装大大咧咧，对任何事都漠不关心，粗鲁好斗，这样就没人能看出他们内心的恐惧了。他们拒绝任何人走进他们的生活，也不对任何人吐露心声。他们认为这样是最安全的。

不同的兴趣爱好会对男孩造成不同的影响。顽劣的男孩没有健康积极的兴趣爱好。(在他们的现实生活中，没有男性引导者引导他们培养运动、音乐等兴趣爱好,也没有机会在引导者的带领下动手制作一些物件。)他们往往被影视作品中动作明星的形象吸引,这些形象一般都肌肉发达,手持枪械或者疯狂飙车。

> 散发着好斗的气焰!

表扬孩子是一种行之有效的办法

如果爸爸、叔叔或他们的朋友经常表扬孩子,将有利于孩子自信心的建立。假如一家人出去和朋友野餐,回到家后,爸爸不经意地说:"和孩子在一起感觉真好啊,一起踢踢足球,真是一大乐趣啊。"男孩会把爸爸的夸赞深深地印在心底。(妈妈可能也会这样说,但是对十几岁的孩子来说,他更在意爸爸的反应。)

当男孩敲打桌子,发出吵闹的声音时,他的男老师或者年长的朋友可以对他说:"这么美妙的节奏你都能敲得出来,长大后可以做一名鼓手啊。"这样的评论有利于男孩自我意识的建立。这样做会大大减少他对同龄伙伴的依赖,不会事事想得到他们的认可,从而能减少他做错事的概率。

你了解自己吗?你是女孩吗?

如果你对自己没有清楚的认识,可以通过这个方法确立自我形象——说出自己不具有什么特征。雷克斯·斯托斯格博士在一本关于男孩教养的书中提到，一些对自己信心不足的男孩是这样来确立自己的男性形象的：否定自己具有女孩的性格特征。因此，他们会极力抗拒女孩具有的特征：温柔、爱说话、情绪化、易与人相处、具有同情心、感情丰富。男孩会拒绝任何温柔的品质，也拒绝女孩。澳大利亚土著居民的温和、南欧人的热情或者亚洲人的勤劳，都被男孩拒之门外。因为他们担心如果自己具有这样的特点，就会遭到同龄男孩的嘲笑（这些男孩受到了流氓习气的影响）。在男孩看来，有讨厌的人和拒绝接受的人，会使他们感到强大和有自我价值。

由此不难看出，大男子主义与男孩从小形成的这种心理紧密相连。因此，帮助男孩认清自己，建立正确的自我认识是解决问题的关键。这也是当今重大的社会问题。

欺凌弱小者

可悲的是，如今有很多男孩都受到过其他男孩的威胁、恐吓。对很多男孩而言，被欺负已经成了他们生活的一部分。相关部门曾对澳大利亚境内的两万所小学和中学做过一次调查。调查发现，1/5 的学生受到过恐吓，至少每星期一次。肯·里格比和菲利普·斯利博士是澳大利亚专门研究恐吓行为的专家。他们认为，学校这个大环境滋生了很多问题，但在解决问题方面也发挥了巨大的作用。而作为家长，父母也能帮助解决问题。

在近期召开的一次会议上，里格比指出，一些班级建立在竞争的基础之上，使越来越多的男孩感觉受到排斥，因此心怀愤恨。于是，欺负别人就成了一些男孩找回尊严的手段。里格比认为，一些学校在恐吓自己的学生，使他们感到自卑、渺小、一无是处，而不是用让学生感到有尊严的方式帮助他们提高学习成绩，不断改进。

我相信，暴力和恐吓也经常在家中上演，一般而言，父母是为了达到教育孩子的目的而为之。但是现在，绝大多数孩子不得不伤害其他孩子，把别人对他们的伤害转嫁给他人，目的是肯定自己和寻求内心的平衡。威胁、恐吓的时代已经过去了，那时丈夫可以打骂妻子，丈夫和妻子可以打骂孩子。幸运的是，家庭暴力遭到了全社会的谴责，已渐渐失去容身之地。

里格比认为，学校有必要制订相关的规则，防止恐吓行为的发生，健全的学校规则是最好的解决方法。（有时，为了保护其他学生，学校不得不开除一些学生。）这意味着专门安排课时，给学生讲述有关恐吓的内容：什么是恐吓以及恐吓别人是不对的。此外，学校还应安排专人在操场看护孩子，当有男生报告自己受到恐吓时，相关人员要采取适当措施进行干预。最好的方法不是以其人之道还治其人之身，而是融入孩子和欺负他们的人之中，耐心解释，最终使他们明白自己给别人造成了怎样的伤害，从而使双方都理解这个问题。

出人意料的是，这些方法是行之有效的。与惩罚的方法相比，小组讨论的方法更胜一筹，因为对于出现的问题，他们没有避而不谈，也没有使问题升级。

父母能做些什么

父母要注意，如果孩子有以下表现，那么孩子可能受到了恐吓：

• 身体外伤（不明原因的擦伤、抓伤、割伤或者衣服被撕破、学习用具被损坏）；

• 压力过大造成的疾病（头痛、腹痛等，但找不到病因）；

• 出现惊恐的行为（害怕走着去学校，上学时走不同的路径，要求父母开车送到学校）；

- 在校表现大不如从前；
- 回到家时饥饿难耐（可能是因为午饭或买饭的钱被偷）；
- 向家长要零花钱或者偷钱（为了不受欺负）；
- 朋友很少；
- 很少接到去参加同学聚会的邀请；
- 行为方式发生变化（变得孤僻、结巴、喜怒无常、急躁、不安、闷闷不乐、害怕或苦恼）；
- 食欲减退；
- 试图自杀或出现要自杀的迹象；
- 焦虑（尿床、咬指甲、害怕、痉挛、失眠或者在睡梦中大哭）；
- 不告诉父母出了什么事；
- 对上述问题找不到合理的解释。

当然，上述问题也可能是别的原因造成的。因此，家长有必要带孩子去医院做全面的检查，确定这些外伤是不是别的原因引起的。尽职的医生通过观察和询问，会知道孩子是否受到了欺负或恐吓。

虽然上述情况都是显而易见的，但问题是男孩不会对家长讲他们在学校里受到的欺负或恐吓，因为他们认为只有弱者才这样做。此外，他们还担心如果那些欺负他们的男生知道他们向家长求助，会加倍惩罚他们。

如果你的孩子被恐吓、欺负，一定要保持镇定，把孩子受人欺负的全过程详细了解清楚，然后再到学校，让学校相关部门采取适当措施。家长不能急于解决问题，学校需要时间来调查清楚，然后决定采取什么措施。同时家长也要注意，不能把一切问题留给学校解决，自己不闻不问。问题的彻底解决需要学校和家长的共同努力。你或者学校的辅导员都可以帮孩子建立自信，让他们学会幽默地回击谩骂，坚决地告诉欺负他们的人"不要惹我，我讨厌这样"。在小学阶段，有些男孩不会受到其他男孩的欺负、恐吓，因为他们知道怎样交朋友，怎样避免麻烦，也知道怎样为自己辩护。对于那些经常受人欺负的男孩，里格比和斯利建议他们接受武术训练，强身健体，提高自信。

家长在为孩子选择学校时，要避免那些规模过大、管理过于严格、非人性化的学校。那么家长在为孩子选择学校时，应该注意哪些事项呢？在选择小学时，注意全校学生人数应在400人左右，中学学生人数应该在600人左右。人数超过上述限制的学校就会变成效率低下的教育"工厂"。在这种环境里，孩子们为了保护自己，会加入团伙组织，恐吓就在这种环境中应运而生了。

在一些竞争不激烈的学校里，学生和老师相处融洽，关系亲密，很少出现恐吓行为。性格温和的男孩转到这样的学校，更利于他们的发展。

不管男孩还是女孩，很多学生都有过被人恐吓的经历。如果我们能帮助他们建立起自信，他们就能克服遇到的这些麻烦。在澳大利亚，绝大多数学校都采取了相关措施避免恐吓行为的出现。但是你的男孩还是需要一些鼓励的。我们所有人无论在家庭、学校还是社会中，都应该在安全、祥和、远离威胁的环境中生活。

行为榜样就是人们效仿的典范

行为榜样是个非常重要的概念，值得我们特别强调。每次我和老师们谈到这个问题时，他们都会提到这个概念。行为榜样已经成了人类进化过程的一个特征，在人们头脑中早已根深蒂固。为了生存，我们人类必须学习一些复杂的技巧。通过观察我们崇拜的人的行为举止，我们的大脑会吸收他们做事的一系列技巧、为人处世的态度以及他们的人生观。我们的行为榜样不一

定是大英雄，只要平易近人，我们喜欢就可以了。青少年一直在寻找自己的行为榜样，在有了足够的积累以形成自己的性格之前，他们会锁定一系列目标。

在青少年眼中，行为榜样是和他们相像的人或者是他们想成为的那类人。女孩和男孩一样，也需要行为榜样，但是大部分女孩能在学校找到自己的行为榜样。女老师通常都能理解女孩遇到的问题，并给她们相应的指导。因此，女孩在学校就懂得了如何做一名女性，但是男孩就没这么幸运了。

心灵寄语 寻

最近，我采访的一位老师恰如其分地描述了行为榜样对孩子的影响。她在一所规模较大的乡村中学任教。在这所中学里，通常是女孩"独领风骚"的美术课程居然很受男孩的欢迎。原因是，新任美术老师是一位非常优秀的男性，而且已为人父。他热情，积极向上，也不失严厉。男孩们认为这位新老师非常"酷"，因为他的兴趣爱好都是男孩们崇拜的、一心想学习的。他在学校组织冲浪比赛，是位优秀的冲浪运动员。此外，他还热衷于各种户外活动。在男孩眼中，三个元素是不可或缺的——酷、魅力四射、充满男子气概。

他竟然还能教男孩编织!

结果,校园中的男孩猛然掀起一股学习绘画、雕刻和创造的高潮,这种现象一直持续到这位男老师离开为止。

"酷"的含义很微妙,孩子可能会被"酷"的外表迷惑,但这种现象并不会持续很久。成年人不应该装"酷"。我上中学时,教我们数学的克莱弗特先生是新来的年轻老师。他穿着牛仔服,戴着耳环。(那可是在1965年啊!)他在学校红极一时,当他出现时,总会有一群男孩追在身后。他是女孩谈论的重点,是她们的偶像。但是,好景不长,孩子们很快便对他失去了兴趣,因为他们不喜欢只对自己感兴趣的人,而是喜欢那些能教会他们很多东西的人——他们想和那种无私的人在一起。第二学期刚一开始,克莱弗特先生就因酒驾被吊销了驾照。自此之后,他只能步行去学校。他在孩子们心目中的地位一落千丈。

行为榜样会对孩子产生意想不到的影响,同时,行为榜样也可以是多样化的。重点是他们必须能使孩子的知识面得到扩展,思想得到丰富。在20世纪60年代,我就读于一所偏远的郊区中学,到现在为止,我仍清楚地记得那几位优秀的男老师,他们真是沧海遗珠,照亮了我们那个备受冷落的中学。

- 他是我们的数学老师,也是我们的班主任。他拜访了每个学生的家长,目的是说服家长同意我们放学后晚些时候回家,继续待在学校里学习,这样我们就有机会提高自己。(延长学习时间,为高中毕业考试做准备,被看作是有抱负的举动。)尽管在教室里他像奴隶主一样督促我们学习,但就是这个男老师带领我们进行了一次短途旅行,那是一次美妙的经历。后来,他成了一位著名的教育学教授。

- 我们的文学老师是一位年长者,以前当过兵。他希望我们热爱诗歌。尽管课程表上没有安排,他还是强迫我们背诵莎士比亚的诗歌,这使我们痛苦不堪。但是，他也带我们去丛林徒步旅行，教我们练习瑜伽，周末带我们去远足、野营。

• 我们学校有一位电子技术高手。有些孩子想跟着他学如何制作或维修无线电装置，他就和这些孩子一起吃午饭，利用吃饭的时间教他们。

在这些心胸开阔的男教师以及一些出色的女教师的教导下，学校开阔了我们的眼界，让我们知道了什么是真正的男人。

心灵寄语 学校在男孩的成长过程中发挥着举足轻重的作用

艾什费尔德男子公立中学位于悉尼西部。这所学校的老师想更有针对性地进行教学。他们认为，老师和学生之间的关系越亲密，学习效果就越理想。

"我们一直在努力，试图找出问题的症结所在。男孩学习时，总是不能全身心地投入。"

艾什费尔德男子公立中学的校长安·金对《悉尼先驱晨报》的记者简·菲吉斯说。

因此，校长重新调整了七年级和八年级的班级，调整幅度很大。"以往有10~13位老师负责他们的教学，调整之后，老师人数发生了变化，减为5人。这5位老师不仅仅负责教学，还要维持班级纪律、保证学生的人身安全并和学生家长保持联系。"

授课时间从以往的40分钟延长到了80分钟或100分钟，因为学校认识到40分钟不能保证教学内容和教师授课的连贯性。

校长说："我们发现这个方法非常有效。学生现在能全身心地投入学习。老师和学生组成的这个教学小组在整个学年的每个教学日都待在一起。因此，成立这种教学小组的真正价值是在师生之间建立稳定的合作关系。"

这种关系是解决学生在中学阶段遇到的问题的关键。校长说："现在，学生和老师都必须学会倾听对方，相信对方，接受、喜欢对方。他们要有挑战彼此的能力，但是只能在彼此心态平和、精神放松且关系稳定的情况下挑战对方。"

什么是学习困难

几乎每个人的大脑都受到过不同程度的损伤。一些损伤是出生时造成的，对头部的重击也会对大脑造成一定的影响。此外，遗传因素、环境污染（例如汽车尾气中所含的铅）以及母亲在怀孕期间吸烟和喝酒等都会对大脑造成损伤。男孩在出生时大脑更容易受到损伤。为什么会出现这种情况，人们还不得而知。

小的损伤不会对孩子造成影响，否则孩子就会出现学习困难。过去，孩子的学习困难没能引起人们的关注，因为过去人们不太看重孩子的学习。但是，大脑受到损伤并影响到学习的孩子会事事处于劣势。令人欣慰的是，我们可以采取相应的措施帮助他们。

学习困难主要有4种类型，它们都与处理信息的方式有关。孩子在学习时，信息的处理要经过4个过程：通过感觉神经进入大脑，大脑对其进行组织加工从而使其具有意义，储藏在记忆中，需要时再输出。

1. **输入**。输入是指听清了老师讲授的内容，理解了书中的内容，或是理解了老师的要求。有时，父母因为孩子听不懂而发怒，然而，这可能并不是孩子的过错。有时，有些孩子根本听不到我们听到的话语，也注意不到我们看到的一切。一定要耐心倾听孩子们讲述他们在感官方面的问题。

2. **组织**。就是把新获取的信息与大脑中已有的信息存储在一起，并进行整理。你看到的数字是231，但是你存入大脑的可能是213。

3. 记忆。每个人都了解这一点。当你把大脑中存储的信息再次搬出来用时,它们还能在你的大脑中浮现,这就是记忆。记忆有短时记忆和长时记忆之分。有时短时记忆占优势,会削弱长时记忆,有时则正好相反。

4. 输出。当你说话、写作或绘画时,你所做的事有意义吗?知识就在脑中,你能将其提取出来吗?

毋庸置疑,当你发现孩子有这方面的障碍时,为他寻求专业帮助更有利于他的发展。一些学习困难是可以克服的,或者至少能将其危害降低到最小。行动越早,效果越好。

心灵寄语 职业治疗法

下面的例子讲的是一个男孩如何克服输出问题——书写困难。

8岁的戴维在书写方面遇到了很大的困难。对于这个年龄的男孩而言,书写不好并不是什么稀奇的事。但是戴维的父母很着急,因为两年以来,他这方面的能力没有丝毫提高。他们知道,戴维是个聪明的孩子,但是他们担心老师会因为他糟糕的书面作业而认为他愚笨。

通常,提高书写技能的方法是做大量的练习。戴维的父母咨询过有关人士,他们建议戴维的父母试试其他方式——职业治疗法。

凯瑞·安·布朗是一名职业治疗师,曾治疗过有学习困难的儿童。她同意为戴维治疗。凯瑞·安发现,戴维整个上身的协调能力很差,而不仅仅是手的问题。事实上,他很难写好字是因为他无法坐稳,手臂也无法有力地握住笔。

这是什么原因造成的呢?遗传、出生时受到的损伤还是缺少锻炼?难以定论。职业治疗师的工作是,不管是什么原因造成了患者的学习困难,都要使他们的身体恢复到最佳状态。

戴维开始做一系列练习（平衡、旋转、蹦床），目的是使后背肌肉变得强壮有力，以及增强后背、肩膀和胳膊的协调能力。这项训练要历时6个月，每天半小时。好在这种练习非常有趣，戴维的父母非常喜欢跟他一起练习。有时遇到难做的动作，戴维会变得非常急躁，但是克服受挫感也是学习的一部分。为了防止戴维半途而废，父母只能甜言蜜语地哄他，不时说个笑话，逗他开心。大约6个月后，戴维取得了令人满意的成绩，练习也就可以停止了。

3年后，戴维在写字时还必须有意识地要求自己写好——放松身体，全神贯注。但是对于这个年龄的男孩来说，他的书写已经相当不错了。虽然有时他用电脑打字，但是现在他能从书写中感受到乐趣。后来，戴维的学习成绩一路上升，成了班里成绩最好的学生。

父母在家校合作中很重要

克服学习困难需要满足两个条件：时间和方法。满足这两点并不是一件容易的事，需要付出一定的努力。如果父母关心他们，愿意陪在他们身边，孩子会飞速进步。父母需要有决心和毅力，寻求专家的帮助；不要忽视孩子或搪塞孩子；与学校协商，请学校给孩子提供特殊帮助。当孩子遇到问题时，一定要和其他孩子的父母讨论，主动采取措施，直到孩子的情况有所好转。

方法包括为孩子制订的特殊计划或寻找所需的设备、专家、教师、课程，或者确定父母可以在家帮孩子做的事。和与自己的孩子有同样问题的父母聚会，交换一下意见，无论是对自己还是对孩子都是很有帮助的。你可以从真正了解这一问题的人那里获得一些信息，并能在情感上得到他们的支持。

一定要注意，有时候，你可能会碰到一些不负责任的学校，这些学校根本不想了解学习困难是怎么回事。他们只对聪明的学生感兴趣，靠他们提高全校的平均成绩。在这些学校里，学习困难的孩子会不堪重负，最终被迫退学或者一直被学校忽视，他们的成绩也不见起色。那些认真负责的学校则会尽最大努力来帮助自己的学生，因此，家长们不要让自己的孩子就读那些只关心一部分学生的学校。

小结

如果学校在管理学生时做好以下事情，那么学校同样可以成为男孩的乐园。

1. 允许男孩比女孩晚一年入学，当他们精细动作的技能发育到足以正常书写时再让孩子上学。（女孩这方面的技能发育得相对快一些。）

2. 让男性（成熟的年轻人）参与到教学中来，同时从校外挑选合适的男性为孩子提供一对一的指导和帮助。

3. 重新设计教学方式，使教学过程更有活力、更具体、更具有挑战性。

4. 针对男孩的弱点（特别是男孩的读写能力），专门为男孩设计强化语言课程，最好是从一年级开始。（中学阶段，上英语课时分班教学。）

5. 通过小组教学，教师能与男孩建立良好的人际关系，中学阶段时，注意减少教师的变动，满足男孩渴望得到父爱和指导者的引导的愿望。

6. 注意孩子的问题行为，因为这可能是学习困难的信号。一旦发现，尽早了解清楚，并采取相应的措施。

Raising Boys

第 9 章

男孩与运动

Raising Boys

青少年的天性就是不加分析地崇拜自己的偶像。如果这个人是个出色的篮球运动员，那么男孩们不仅会学习他的运动精神，也会学习他的人品、态度、生活方式以及他开的玩笑。

第 9 章
男孩与运动

圣诞节的板球活动

每年圣诞节的时候，我们都到妻子的父母家聚会，与妻子的父母、妻子的五个姐妹及她们的丈夫和孩子齐聚一堂，也会有一两个别的人。我喜欢观察孩子们是如何快速融洽起来的，因为过去整整一年了，但他们就像从上年的圣诞节之后就没有分开过。

我们吃过饭，就到后院里去打板球。从这些孩子刚刚能握住球棒开始，我已经观察 20 年了。我非常欣喜地看到，过了这么多年，这个小组的人数越来越多。

在这项一年一度的活动中，最让我惊奇的是，平时言语不多的孩子开始在板球场上互相交流了。这是一项非常适合儿童玩的游戏，由于没有竞争性，大家都将分数抛在脑后。

一个小男孩试图击球。大人在旁边鼓励着，期待着他的成功。一个 8 岁的男孩用上吃奶的劲掷球，球飞出界外好几米，大人在一边喊道："这个不错，好极了！"有人低声暗示着孩子应该怎么打。一个人冲过来纠正男孩抓握的姿势。

但并非都很和谐，也有争执。两个 10 岁的男孩对游戏规则产生了分歧，一个男孩在大呼小叫。他的父亲把他领到一边给他解释。他说的是:"兄弟感情是最重要的,这只是一场游戏。"这对于一个 10 岁大的孩子来说实在是太难懂了。体育运动可以在很大程度上塑造性格。

游戏在继续。我在琢磨成年男人是如何学会与孩子打交道的,这种照顾年幼儿童的传统可以追溯到人类的历史之初。体育运动是学会关心、了解和养育下一代的绝好方式,而且它已经经受了时间的考验。

体育运动:一把双刃剑

对于大部分男孩来说,体育运动在他们的生活中扮演了很重要的角色。运动可以带来很多好处,也可以带来很多伤害。它可以培养男孩的归属感,塑造他们的性格,让他们自尊自重,锻炼身体。然而,运动也会伤害他们的身体,限制他们的思想,扭曲他们的价值观,给他们带来巨大的压力。

纵观整个人类历史,人类一直在参加体育运动。即使是在欧洲中世纪的黑暗时代,人们也举行了早期的足球比赛。大部分文化都有赛跑项目。罗马有公开表演的格斗,而雅典有奥林匹克运动会。不仅成年男性会参与,体育运动还吸引了男孩——这可能给了他们发泄旺盛精力的途径,以及展示自身长处的机会。

在澳大利亚,体育运动是一项神圣的活动。没有哪一种宗教信仰可以让人产生这种激情,也没有哪种信仰拥有如此众多的信徒,或者说没有哪种宗教信仰会给人带来如此振奋人心的力量。所以,对于男孩的父母来说,参加体育运动是一项主要的兴趣和挑战。

第 9 章
男孩与运动

帮男孩找到组织

体育运动为男孩提供了近距离接触父亲、接触其他男孩和其他男人的机会，这主要是通过共同的兴趣实现的。甚至陌生人之间也可以互相谈论体育！我的许多男性朋友告诉我："如果我老爸不和我聊体育，我们都不知道该聊什么好。"

体育运动是加入集体的一条途径。那些刚移民到达澳大利亚的儿童，很快就会被问道："你想加入什么队？"

友爱的安全场所

我的一个朋友曾经在别人的劝说下加入了一个男子室内板球队。但他不是很热心，用他自己的话来说，他认为这是"男人的无聊运动"。但是他很快就发现没有比这更吸引人的活动了。在这个队里，人们互相爱护，互相鼓励。在这里，人们共同努力，共同交流经验和技巧，对待彼此也非常热情。在这里，年轻人的活力和技能能得到认可，年长者的经验和看法能得到尊重。让我的朋友感到惊奇的是，板球队让他们每一个人都感到很充实，也很快乐，而这种充实和快乐是在家里和工作中感受不到的。所以，我的朋友立即就喜欢上了这种体验。

生活的课堂

因为运动是男人与男孩互动的主要方式，所以男孩通常会在运动中形成生活态度和价值观。当孩子们刚刚能握住球拍或者拿住球的时候，他们就开始学习许多重要的人生道理了。

- 输了怎么做（如果你输了，不要哭泣，也不要打别人，更不能把球一扔了之）。
- 赢了怎么做（一定要谦虚，不要太"抬高自己"，否则会引起别人的反感）。
- 如何成为团队的一员（互相合作，认识到自身的不足，认可别人的努力）。 
- 如何能够做到最好（累也要训练，要坚持不懈）。
- 如何实现长期目标或者目的（要通过奉献牺牲来获得）。
- 如何通过实践做好生活中的所有事情。

体育运动的益处是很明显的，比如有趣，能锻炼身体、呼吸新鲜的空气、塑造性格、培养友谊以及获得成就感和归属感。孩子会从中受益匪浅！

但是，"运动有益"的理念越来越受到质疑。运动正在变化，而且未必会向好的方向发展。它对身体和思想都有危险，所以，与过去相比，今天的父母更加小心谨慎。让我们探究一下原因。

消极的行为榜样和"运动员"文化

运动和体育明星受到整个社会的追捧。想象一下,假如有人提议把晚间新闻最后10分钟的体育内容用来介绍木工手艺或者集邮,那会是一种什么样的情景!体育明星如此有人气,以至于现在几乎人人都穿着运动服。

作为父母,我们期望运动能提高孩子的素质,但是有时结果恰恰相反。特别是在男性运动中,易受影响的儿童从那些尚未成熟的男人那里学到了一些不健康的东西。

你认为最可能在哪里看到暴力、自私、脾气暴躁、粗鲁、酗酒等问题?在任何体育场都能见到!一个男孩可能会通过打橄榄球或者踢足球变得勇敢和强壮,但同时他也可能学会酗酒、变得粗鲁甚至骚扰女人。

体育教练、父母和队长就像一个部族的长者。他们应该记住,体育运动对于参与者来说就是一场游戏,参与者不需对运动的输赢(或者赞助者)负责。如果一项运动不能教会年轻人更好地生活,我们最好终止这项运动。

心灵寄语 魔鬼教练

14岁的杰夫非常喜欢打橄榄球。由于他的学校不允许他这个年龄组上场比赛,所以他的爸爸让他加入了一个当地的俱乐部,这个俱乐部允许15岁以下的孩子加入小组参赛。这个小组已连续3年进入总决赛,但是从来没有获得过冠军。

为了解决这一问题,俱乐部聘请了一位专业教练(他以前是一位足球运动员,个头大且威猛)对运动员进行训练。在一场大赛之前,杰夫的爸爸马库斯站在边线外面听新教练对孩子们训话。他对这个教练的话感到非常震惊。"第一次和其他队交手时,我想让你们重重地打他们几个嘴巴子。"

其中一个男孩怀疑自己是不是听错了。"呃,你是说如果他们打了你,你就还手?"他不解地说道。

"不对,你这个该死的白痴(这个教练一直这样说话),你要在他们找到机会揍你之前先揍他们,你明白吗?"

马库斯气得全身发抖。这件事让他陷入了沉思。这种理念不是体育精神。当天晚上,马库斯和一个当橄榄球教练的朋友通了电话。他确定了打人是犯规的,并且犯规球员会被停赛——这是明白无误的错误举动!

马库斯意识到必须跟那个教练谈一谈。要面对那个教练,他不颤抖才怪呢,那个教练块头太大。但是那个教练却笑着把他打发了:"哈,那些没用的家伙,他们绝不会照我说的去做!我只是想让这些娘娘腔的孩子们有一点男人的阳刚气质,他们才不会那样做呢!"

难道教练提出建议不是想让队员们采纳吗?队员如果因此被处罚,他不会感到尴尬吗?教练给出的标准是模棱两可的吗?不管怎么说,杰夫的爸爸觉得这个地方绝对不适合孩子。他和儿子交换了想法,杰夫也很愿意离开这支橄榄球队。第二年,杰夫加入了学校的橄榄球队,这支球队的教练是非常棒的。

"回头想一想,"马库斯后来告诉我,"我自己感觉到那支橄榄球队是没有活力的。教练不断羞辱孩子,没有团队感,没有鼓励,也没有理解和快乐。虽然连续3年进了总决赛,但是他们总感觉自己是失败者。"

杰夫的爸爸很庆幸自己早就明白了这一点,他认为自己做的这个选择是正确的。

完美的陷阱

在体育竞赛中失败是个问题，但是有时候成功也是问题。现在很少有男孩会得到成年男性足够的关注。如果男孩在踢足球、打板球或者打网球方面表现出才华的话，很快就会有成年男性关注他。他的父亲或者教练会给他很多鼓励。然后他就开始攀登体育运动的天梯了。男人找到了实现自己梦想的途径，男孩则获得了别人对自己的认可和支持。

但是，如果男孩受伤了该怎么办？如果他达到了自己的身体极限该怎么办？如果压力使他不得不服用药物，或者过度训练，又该怎么办？赞许没有了，大人也开始表现出失望，集体的表扬转变为冷落。很多年轻人就是这样堕落或消沉的。一个孩子越是出色，父母就越要注意，绝不能利用孩子在体育运动方面的成功满足自己的虚荣心。

偶像的作用

青少年的天性就是不加分析地崇拜自己的偶像。如果这个人是个出色的篮球运动员，那么男孩们不仅会学习他的运动精神，也会学习他的人品、态度、生活方式以及他开的玩笑。（这就是赞助商进行赞助的主要依据，也是体育这一庞大产业的基础。）

如果学校想劝阻孩子们停止吸烟或者让他们捡垃圾，他们就会先让体育明星来做个榜样。如果商业公司想扩大会计软件的销售量（只是举个例子），就会请赛艇明星或者板球明星来做广告。这种做法很奇怪，但是我们的社会就是这样来衡量男子气概的，它也确实起了作用。

在欧洲一些天气寒冷的地方，人们更喜欢待在室内——运动并不是唯一的娱乐活动，男人会用许多不同的方式来展示他们的男子气概。男孩会羡慕他们，并向音乐家、艺术家、工匠、电影制作人学习。

在世界的其他地方，男孩有很多机会，他们的偶像也会帮助他们。但在澳大利亚，你要么是一个运动员，要么什么都不是。这并不是什么好事。运动是好的，但并不是对每个人都有好处。

运动伤害

运动有益健康，对吗？但是并没有数据证明这一点。澳大利亚男性健康研究专家理查德·弗莱彻发现，参加某些运动还不如待在家里或者看电视来得健康！

许多顶级运动员和体育健将在30岁的时候会浑身疼痛，他们的身体在运动中受到了极大的损害。身体的疼痛无处不在，从头部伤到无数的关节损伤和肌腱损伤。这些伤害都是在运动过程中因碰撞、过度训练或者透支身体造成的。运动扭伤通常会导致中年时期关节疼痛。显然，一些运动对一些儿童来说不再值得冒险。

真正的问题在于竞争。过分的竞争促使人们去冒险，变得有攻击性，甚至为了追求胜利超越身体的极限。成年人对此负有责任。孩子们大都喜欢追求快乐，除非我们让他们去竞争，否则他们并不会狂热。

仅在澳大利亚新南威尔士州，一年就有大概2 000多个孩子因运动伤害而进入急诊室。（这个数字还不包括那些去私人医疗中心以及通过理疗等方式治疗的孩子。）其中大概有400个病情严重、需要长期治疗或者需要住院治疗的病例。有身体接触的运动造成了大量的伤害，其中足球、橄榄球、篮球和板球尤为突出。学校儿童在运动中受伤的类型主要包括关节扭伤、肌肉拉伤、擦伤和骨折。近些年来，孩子在打橄榄球的时候出现伤亡的次数急剧攀升，头部受伤和脊柱受伤的次数也同样惊人。在运动中受伤的概率会随着年龄的增长而增长。一般来说，与 12 岁的男孩相比，16 岁男孩受伤的概率会增加 7 倍。（这就是睾丸激素在作怪。）

不擅长运动怎么办

儿童运动的最大问题是（当运动变得更有竞争性的时候），如果你不出色，就会被看扁。我在小时候特别喜欢英式足球。爸爸带我加入了一个当地的男孩足球队，但我不是主力，也从来没有上过场。这让我很羞愧，于是退出了。

运动的另一个问题是来自父母的压力。如果父亲是一个很出色的运动员（或者他自认为是），而他的儿子生来就很笨拙，或者说天生就不是运动员的料，那可能就会遇到大麻烦。如果这个父亲值得信赖而且有自信，那么他应该为儿子选择成为舞蹈家、画家或者计算机专家而感到自豪。有一个失败的爸爸可能是一个更严重的问题。相反，一个对运动不感兴趣的爸爸对热爱运动的孩子可能会非常严苛。

寻找父子共同的乐趣是非常重要的。不要像驱赶奴隶一样驱赶你的孩子去做他不喜欢的运动——除非你的儿子真的很喜欢，或者他自己认为这样做很值得。要寻找你们共同的爱好。

现在，有很多父亲花大量的时间和金钱，请别人来指导、培训和教育自己的孩子。然而，这些陌生人通常对你的孩子漠不关心，也不会给予孩子应有的帮助。有时候，不断寻找父子两人都喜欢的运动很有必要。在操场上打棒球或者打排球，一起出去钓鱼，都是很好的运动。在这个过程中，父子可以很好地交流，享受那种在一起的简单快乐。

把事情做好

在全世界的每一个角落,无论在乡村还是城市,孩子都可以成群在蓝天下翻滚、跳跃和奔跑,兴高采烈地欢笑、打闹。最重要的是,这是美好生活的一部分。如果成年人理解运动,和他们的儿子一起享受运动,教给他们正确的态度并让他们记住运动真正的意义,那么一切都会无比美好。

彼得·韦斯特博士在运动对男孩身体的重要性方面做了大量的工作,在这一章中,我们尤其得益于他那本优秀的著作《父亲、儿子和情人》,这本书描述了从20世纪30年代到今日澳大利亚男人的成长历程。

小结

1. 运动对孩子有很多好处。它让孩子们接受锻炼,给予他们乐趣、挑战和成就感,尤其给父亲和儿子、男孩和男人提供了一种共享的乐趣。

2. 运动是塑造性格、体验生活和培养男子汉的一种很好的方法。

3. 不过,体育运动正在朝着不利于孩子成长的方向发展。一些体育文化具有消极影响,比如攻击性、自私、性虐待和酗酒。"不惜一切代价获胜"的思想取代了体育精神和游戏的乐趣。

4. 当竞争和获胜变得如此重要的时候,非常出色是很危险的,因为你的生活会失去平衡。竞争过分激烈的运动通常会带来终生的伤害。

5. 过分强调竞争会将那些不够优秀的孩子拒之门外。研究表明,这种做法使越来越多的孩子不愿再参加体育运动。

6. 对每个人来说,体育运动应该易于参与、安全、平民化而又充满乐趣。男孩需要运动。我们不能让商业力量或者不成熟的引导来破坏运动的精髓。

Raising Boys

第10章

社会的挑战

Raising Boys

如果父母身边有一些这样的网络,有值得信任的成年人,不管是个人,还是有组织的集体,我们都可以把孩子交给他们,让孩子找到自我价值和归属感。

第 10 章
社会的挑战

男孩到了一定的年龄后，他们的视野开始超越了家庭。15 岁左右，他们就开始向着未来前进了，但是必须要有目标，要有人来扶持和引导。这就意味着我们需要构建社会网络来帮助孩子。

如果父母身边有一些这样的网络，有值得信任的成年人，不管是个人，还是有组织的集体，我们都可以把孩子交给他们，让孩子找到自我价值和归属感。如果没有这种社会网络使所有的成年人都能够有意识地照顾彼此的孩子，那么青少年在这一阶段的发展其实就是失败的。

向成年人转变需要社会的共同努力。但是如何做呢？应该用什么方法？该制订什么样的时间表？基本要素是什么？有些要求是很实际的：倾听的艺术、教学技能、向新领域拓展的思维和行动、恰当的告诫方式以及保护。还有一些是无形的，或者说是精神层面的。

为了举例，也是为了给本书一个恰当的结尾，我挑选了四个故事，它们都说明了社会活动是如何促进男孩向男人转变的，以及如何为男孩打造更好的养育环境。但每一个故事又都不相同，一个是关于橄榄球比赛的，一个是关于城镇贫民区学校的，一个是关于在海岛探险的，最后一个是关于"养育男孩六人读书会"的。下面我们开始读这四个故事。

失败、胜利与风度

圣约瑟夫学院和河景中学是悉尼的两个享有盛誉的天主教学校。对于那些关心橄榄球联赛的人来说,这两个学校一年一度的比赛在他们的心中占有非常重要的地位。

圣约瑟夫学院打败了所有学校的纪录令人敬畏。这个纪录创造了一种神秘感,让人认为要打破它几乎是不可能的。

但是在1996年,事情发生了变化。河景中学知道自己有一个强大的团队,他们有能力打破这个不可能打破的纪录。所以在蔚蓝的天空下,这一天有了特殊的历史意义。随着比赛的进行,战况越来越明显,大概有15 000多位家长和学生聚集到这里目睹这件不可能的事情发生——圣约瑟夫学院要失败了。虽然在下半场圣约瑟夫的男孩们英勇顽强,拼命争夺分数,但是河景队仍然领先。很快,终场的笛声响起,圣约瑟夫的长期统治结束了。

比赛结束了,胜利者欢呼雀跃。接下来,具有震撼力和特殊意义的事情发生了。失败的球队在椭圆形的跑道上围成一个圈,手挽着手站着,就像在祈祷一样。与其说他们失去了很多,不如说他们从这次失败中得到了更多,或许这一刻他们在彼此鼓励,或许他们在分担痛苦。接着更不可思议的事情发生了。就像来自体育场的回应,那些曾经在这个学校学习过的学生和参赛男孩们的父亲,也都朝着这个圈子走来,挽起双臂围绕在围成圈的孩子们周围。成百上千的人静静地站着,形成一个散发着男性尊严的人环。

那些站立的人们都愣在那里注视着。不管是失败还是成功,在这一刻都已不再重要。重要的是,人们为了更高远的目标走到一起,共同努力,就像战争时期为了守护家园,人们同仇敌忾,而年轻人也加入了这个光荣的人群。

在这个圆圈中的人都不会忘记这一幕。他们中的每一个人都会因这一幕而变成更加成熟的男人。

有意义的帮助

新西兰的一家大公司想为当地的社区做点贡献，没有比这更无私的行为了，但这仅仅是为了商业目的而已。通常的做法是成立一个青少年活动中心或者建造一个公园。那些高尚的人们说服了他们，让他们扶助附近贫困地区的学校，贡献的不是金钱，而是时间。

每一个职员都有机会到学校去一对一地帮助那些需要帮助的孩子，教他们数学、阅读等。在工作日里，他们每周可以去学校两个小时。学校也积极配合这个项目，公司负责出人。

这样做的结果是，那些本来处境不好的孩子在学校里每周有两次机会受到帮扶人的关怀。这个项目的意义是非凡的，两年后，整个学校的国家测试成绩有显著提高。这仅是其中一个成果，此外，这种指导以及长期的付出将会帮助孩子培养积极的生活态度。

如果我们只是怀着"做善事"的热情服务于某些俱乐部或者组织，或者通过给孩子捐款来改善他们的生活，事情会是什么样子呢？我们很难知道这种帮助何时才有尽头。了解孩子面临的困惑会改变你的看法。这种有意义的做法将改变世界。

启蒙

故事发生在一个秋天，在一个远离澳大利亚维多利亚海岸线的美丽的小岛上，有12个背着帆布背包、穿着外套的男人，还有9个年龄从14岁到19

岁不等的男孩。这群人是在两天前乘着拥挤的渡船到达这个小岛的。现在他们正等着乘坐这艘渡船回家。

其中7个孩子的爸爸也在岛上，另外两个孩子的爸爸不在。其中一些男人已经结婚，有一个男人与妻子分开了，还有一个是单身父亲。

昨天他们找到了小岛上一个比较偏远的简陋小屋，他们可以在这里做午饭。他们还在这个充满野性、被海风吹拂的海滩上探险、嬉戏。晚上，他们在黑暗中徒步到达了一个地方，这里已经提前为他们准备好了篝火。他们都坐了下来。男孩们有点紧张，他们假装开着玩笑，很想知道接下来会发生什么。

这12个男人围着火堆站着，讲着各自的故事。有些人说话很幽默，有些人说得绘声绘色。后来，每一个父亲开始站起来讲述他们儿子的故事。他们谈论儿子有多么优秀，并时不时加上点自己的回忆，还说他们有多么爱自己的儿子。那两个父亲没有来的孩子受到了鼓舞，找了两个人代替他们说自己的故事——顺便补充一下，他们其中一个生下来就由爷爷抚养，还有一个孩子的父亲正在坐牢。

父亲们在众人面前自豪地赞扬自己的儿子！这次经历非常独特，在忽明忽暗的火堆前，这些父亲和孩子的眼睛都变得湿润了。但是他们的泪水是甜蜜的，而不是痛苦的或羞愧的。

大人说完后，男孩们也站起来讲自己的故事（他们居然有惊人的口才），讲他们的生活、他们的看法和理想。

许多人朗诵了诗。他们讲了一个有特殊意义的故事，在讲故事的过程中，他们举行了一个澳大利亚土著和盎格鲁—凯尔特文化融合的传统仪式。他们唱完歌，吃了点夜宵，到凌晨的时候，各自回帐篷去睡觉了。

接下来的周末，大人和孩子分组讨论，谈论孩子们第二年的生活计划和目标。这些目标在全组最后的会议上通过一种仪式进行了宣读：有一个男孩想回到学校，完成他的高中毕业考试，有一个想找一份工作，有一个要戒毒，有好几个要改正他们以前所犯的错误，有一个想找一个女友，还有一个"要和妈妈共同解决自己的问题"。

大人们为每一个男孩提供了帮助。有个大人要开车送一个男孩到墨尔本向他的祖母道歉，因为男孩曾经偷过她的钱。这群人最后达成一致，一年后重新聚会，确认他们各自照顾的几个男孩是不是已经实现了目标。

当船靠岸，将他们一一送回家的时候，星星已经在他们头顶的天幕中升起，他们又要继续按照自己的方式生活了。

自从《男人的品格》一书出版后，有成百上千的人问我如何帮助男孩变成男人。一些文化现在还保留着庄严的成人仪式。澳大利亚土著的文化传统和传说并没有丧失殆尽，其价值是巨大的。虽然澳大利亚社会的有些方面目前正在分化，但是这里汇聚了来自各种不同文化的点点滴滴。我们只需开拓自己的道路。对我们的孩子来说，最重要的就是我们要不断地努力。

一段梦幻之旅

"养育男孩六人读书会"其实是这么来的。

有人在社交媒体上发了条消息：

> 刚生了个男孩，愁死了。
>
> 买了本《养育男孩》，写得很有意思，不过我还想跟别的男宝父母一起聊聊这本书。如果你想参加我的小范围讨论（每周1次，共6次），那就联系我吧。

不愧是社交媒体，不到半小时，响应者就有200多人！发消息的妈妈叫苏珊，看到邮件像雪片一样飞来，差点晕了过去，赶紧删掉了消息。她丈夫大笑着对她说，选前6个，然后向其他人道歉！这主意好像不错，就这么干！

苏珊发现，6人里有一位男士，叫戴维，有个8岁的男孩。他还简单写了他的情况。一年前，他妻子因癌症病逝，他成了单亲爸爸。他是个小老板，所以能在家工作。苏珊本来只想邀请妈妈们参加的，但他毕竟是第三位回复者！而且他的遭遇确实太令人同情了。就这样，戴维成了读书会唯一的男性成员。

苏珊家不大，可她还是想把读书会搞得像样些。只是这样一来，她就得每周折腾一通。不过她也想得开，不过就6周嘛！至少她起初是这样盘算的！

一想到养育男孩读书会的第一次讨论，苏珊就很紧张。他们会来吗？大家能友好相处吗？实际上，在讨论当天，有位叫珍妮尔的妈妈确实没有出现。她打电话来道歉，声音里透着腼腆和慌乱。苏珊为她感到难过，但还是祝她一切都好。这样一来就少了一个人，不过好在椅子够用了！第一次讨论的前一晚，苏珊焦虑得睡不着觉。

其实，那天的讨论会进行得相当顺利。

而且，读书会还成了固定的活动。每周，6个人都会聚在一起，有吃有喝地讨论两三个小时。他们每周讨论一章内容，发表他们对书中观点的看法，并且结合自身情况来说明。参加者的孩子有的是幼儿，也有的是学龄儿童或青少年，年龄参差不齐。较年长的父母会介绍许多经验，比如假如一切重来他们会怎么做，他们的体会和心得是什么。对较年轻的父母来说，这些信息极为宝贵。

让所有人都始料不及的是，读书会大大增进了彼此间的亲密与信任。或许第二次讨论是转折点。那天，他们在讨论写父亲的那一章，即男孩拥有一个既爱他又能陪伴他的父亲有多么重要。讨论时，平时少言寡语、家里有个6岁男孩的妈妈伊丽莎突然哭了起来。尴尬的她满怀歉意，但没有人责备她，反而都在关心她，跟她走得更近了。她说："我真不好意思提，其实我丈夫不是个好爸爸。我不想让别人知道这件事，但我真的没有办法了，我不想把我儿子毁了。"她又哭了起来，接着强忍着泪水继续说："我要是能有一个像戴维这样的丈夫就好了。"

众人把目光投向戴维——读书会里唯一的男士，接着又看向伊丽莎。这时苏珊问道："发生什么事了？你丈夫怎么了？"伊丽莎痛苦地看着大家说："我丈夫对我儿子说，他不中用，是个废物，养他就是浪费时间。我丈夫大喊大叫，摔东西，有时还会打孩子。他一句温柔的话都没说过。我儿子不管做什么他都不满意。可是我儿子很乖，很懂事。等我丈夫气呼呼地冲出家门后，我就想办法安慰孩子，可是孩子受了很大的刺激。他现在仍然尿床，精神很紧张。"

所有人都关切地看着伊丽莎，纷纷发表看法。这个问题很严重，他们暂未找到解决方案，不过他们一致认为，这种做法是不可接受的，她的担忧完全是正当的。这次讨论过后，所有人都觉得彼此更亲密了。读书会里的其他成员也开始讲述自己跟伴侣的问题、（外）祖父母干涉的问题，以及孩子在学校的问题等等。所有人都卸下了防备，不再扮演完美的父母。大家一起说，一起笑，一起哭，好不痛快。

等到最后一周来临时，有件事已经很清楚了，那就是没有人想画下句号，就此停步，于是讨论继续进行！后来发生了疫情，他们把阵地转移到了网络聊天室。虽然效果不及面对面讨论，但由于他们彼此熟识，也讨论得非常热烈。每个人都期盼一周中这美好的一天的到来。

疫情结束后，生活恢复了往日的节奏。然而这时，苏珊却做出了一项重大决定。由于工作原因,她不得不重新安排自己的生活,甚至可能得搬家。讨论无法继续,但大家还可以做朋友。于是,他们组织了最后一次线上讨论。现场有热泪,也有许多感激的话语。一切就这样结束了。

然而,一年后,读书会的所有成员都收到了一封信。信里的内容让他们颇感意外。

原来,信是读书会里一名叫朗达的成员寄来的。朗达是较年长的成员,读书会刚开始时,她的儿子就已经15岁了,现在长到了17岁(苏珊的儿子到疫情结束时也只有3岁)。所有人都知道,朗达在当地的一家豪华酒店工作,好像是什么管理人员。但是由于朗达从未说起过,所以他们并不知道朗达其实是酒店的老板,而且她拥有不止一家酒店,可谓家境优渥。她为读书会的所有成员精心准备了一份惊喜。

这封信写在非常精美的信笺上,内容如下:

> 我们的读书会对我帮助很大,因为我那时确实遇到了许多问题。我跟你们说起过一些,但还有一些没法说。我儿子现在已经好多了,他爸爸也陪他更多了。他更自信了,交了不同的朋友。因为你们的榜样作用,我觉得我也变得更温柔了。我儿子的成绩也有改善。当时孩子情况很严重,但我们已经陪他渡过了难关。"养育男孩六人读书会"改变了我们一家人的生活。

不过,真正让他们感到惊喜的还是信的第二段……

> 我非常感激你们,所以想对你们表达谢意。我想邀请你们在两个月后到我们的酒店来过个周末,带上家人。这样我们就能再次聚聚,同时也让家人游个泳,放松一下。

第 10 章
社会的挑战

苏珊张大了嘴，半天合不拢。这感觉就像在比赛中获奖，只是获奖的还有她所有的朋友们。

那个周末，6家人入住了那家豪华酒店。其中一家人已经搬到其他城市，只能搭机前来。第二天上午，读书会的所有成员聚在了一起。只是这次不是在苏珊家，而是在一间舒适宽敞、窗外风景秀丽的贵宾休息室！制服笔挺的酒店服务员用大盘子送来茶点，之后轻轻退了出去。所有人都非常愉快。

随后，他们讨论了共读《养育男孩》一书的收获。苏珊仍旧担任主持人，成功地调动了所有人的热情。大家热烈讨论，一切如同往常。

35岁的桑迪不仅是一位妈妈，还是一位小学教师！教四年级孩子的她付出了许多努力，把课堂变成了男孩们喜欢的地方。每天一大早，她都会带孩子们做运动。她发现，男孩很怕被训斥，而她过去确实太凶了。她现在变得更温柔了，也更能展现自己真实的一面，而非总板着一张脸。只有在必要时，她才会变得严厉起来。她单独找男孩了解他们的兴趣爱好，获得他们的信任。上课时，她也时常会开几句玩笑，让课堂不时爆发出笑声，就算是数学和科学课上也是如此。要把学生培养成伟大的科学家、医生和工程师，学习就应当是主动和快乐的。

随着桑迪对男孩的理解越来越深入，她也改善了她与儿子的关系。她放松了她在整洁方面对儿子的要求，也不再强迫他写作业。她甚至教儿子做饭！

41岁的弗兰妮是一位单亲妈妈。她多次托哥哥带她12岁的儿子去度假，让儿子接受成年男性的影响，同时感受到自己是被人关心的、有价值的。弗兰妮的儿子过去一直缺乏自信，总受欺负。然而几次度假回来，他变得更自信了，腰板也挺直了，连声音似乎也变得更浑厚了。

35岁的戴维说，他在带儿子一起上柔道课，这样他就不会总是忙于家务和工作了。现在，他的儿子已经能自己去参加活动和比赛。然后，戴维停住了，欲言又止。一直喜欢戴维的弗兰妮似乎猜到了什么，她狡黠地冲戴维眨了眨眼，鼓动他讲出来。戴维仰靠在宽大的皮沙发上，露出了羞赧的笑容，脸颊也微微泛红。原来，他在柔道课上遇到心仪的人了。

戴维又一次停住了。苏珊忍不住插话："你找到了！"戴维微笑着点头。他翻出手机，给大伙儿看了一张他和迪安妮的牵手照。迪安妮很美。

虽然没人提起，但所有人心里都有一个巨大的问号。那个丈夫对孩子很凶的伊丽莎怎么样了？轮到伊丽莎时，众人都屏住了呼吸。为了这一刻，她已经准备了很久。

她环视一圈，深吸了一口气："你们都知道，我丈夫不是个好爸爸。他脾气暴躁，说话很伤人。但我还是有一些事情没有说出来，尽管你们对我这么好。其实，我丈夫经常打孩子，还打我。我小时候家里就是这样，所以我觉得这很正常，我必须忍受。我觉得他并不是太坏，我也能够忍受。可当这一切影响到我儿子的时候，我的想法就变了。"

整个房间格外安静，外面高空的疾风清晰可闻。伊丽莎看了看大家，继续说："所以，现在我可以告诉你们，我已经跟丈夫分居了。我离开了家，正在找地方住，现在暂住在我姐姐家里。我要跟他离婚。将来的日子会很艰难，但是孩子的状况已经好多了。我觉得我正在做一个母亲该做的事，那就是放下一切保护孩子。这一切都是因为有你们。也许我早晚有一天能鼓起勇气，但是因为有你们，这一天提早了很多，孩子也不必再遭受将来可能无法弥补的伤害。"

所有人的眼眶都湿润了。不知不觉，午餐时间已经到了。

时间过得真快！

不过，他们还可以继续畅谈下去。

读书会的故事结束了。在最后，我想向大家说明一些注意事项。

组织养育男孩读书会益处多多。最安全的做法或许是与朋友或熟人一起讨论。父亲也能从中受益,但假如父亲单独成立读书会或许会收获更多。我们希望能够有更多的在线信息来指导读者们组织读书会,但每次讨论一章内容的做法效果已经非常好了。记住,要尊重每个人的养育方式。倾听是帮助彼此找到勇气和希望的捷径,而非去指导别人该如何生活。如果能多多吸收信息,并且能够得到他人的情感支持,我们就会学到很多并加速成长。

(本节译者:美同)

男孩注意障碍

对于注意障碍（ADD），不同的专家有不同的看法。与通常的认识不同，注意障碍从来就不是一种结构性、化学性或者生理性状况，而是仅仅表现为男孩的一系列越来越异常的行为，这些行为为成年人和男孩制造了巨大的难题。

我个人认为，很明显，患这种病的男孩和他们的父母都需要帮助——这绝不仅仅是开药方这么简单，而是要做更多的努力。

权威专家对于注意障碍指出了三点：

1. 没有证据表明长期服用强效药（比如利他林）是安全的或者有效的。

2. 对于那些正在学习如何保持安静和专注的男孩（占病例的90%），必须给予更多的帮助。

3. 注意障碍不会让儿童变得暴力，只会分散他们的注意力，使他们紧张不安。儿童的暴力倾向主要受家庭环境中相关因素的影响。

如果你怀疑自己的孩子患上了注意障碍，一定要排除其他所有可能的问题。孩子的表现有可能源自性虐待、父母离婚的打击或者家庭暴力，也有可能是严格的纪律和学习困难让你的孩子感到自己很无用。如果这些可能性（在你的医生和学校的帮助下）都排除了，而且确定你的儿子已经患上注意障碍，那么就必须让他得到心理学家、儿科医师和学校老师的帮助，大家共同努力来帮助他集中注意力。仅用药物治疗是不够的。

使用药物能帮助你的儿子逐渐安静下来，并开始学习。他可以利用这段时间学习新的技能，获得更多帮助。不要完全依赖药物。长期目标应该是根本不需要药物，为此努力吧。

致 谢

我小的时候，我的母亲总是给我讲一些事情，我不明白的地方她会给我解释。我们会绕着镇子长时间散步（是我主动要求的）。现在我还时常记起这些话，而且我喜欢散步时风吹过头发的感觉。所以，非常感谢母亲。

父亲非常善于陪我们玩耍，时不时逗我们，陪我们打闹。英国北约克郡的青山和被海风吹拂的海滩让我们的童年过得很美好。

我要感谢澳大利亚的很多人——学校的朋友、体贴的老师和给我机会学习新东西的老板。当我（像其他年轻人一样）遇到痛苦和困惑的时候，总会有善良的人给我帮助，使我向好的方向发展。

我能遇到沙伦是非常幸运的。如果没有她，我就不会是一个好父亲、一个优秀的临床医学家和一个优秀的教师。谢谢你为我做的一切，沙伦，尤其是你养育了我们的孩子。任何语言都不能表达我对你真诚的谢意。

朱迪·泰勒帮我组织了在悉尼举行的研讨会，这并不是她分内的事情，她却把这当成自己的事情尽心尽力去办。我们一起访问了成千上万的人。朱迪和她的丈夫保罗对本书的出版给予了巨大的帮助，投入了很多精力，并给了我很多鼓励。保罗给我讲的那个关于儿童橄榄球比赛的故事非常振奋人心。

澳大利亚的游戏小组协会、中国香港的TREATS、英格兰的父母网络

（Parent Network）、慕尼黑的 Joachim Beust 与 Marcella Reiter、墨尔本的 People Making Books 以及许多当地的组织为我们提供了大量的机会去走访和研讨。这意味着我们可以收集更多信息来支持本书的观点。

雷克斯·芬奇是一位热情、讲原则而又充满活力的出版商，也是我的一个老朋友，他很有创造力，这种能力使本书取得了意想不到的效果。我还参考借鉴了彼得·韦斯特、彼得·沃格尔、彼得·惠特科姆、保罗·怀特以及雷克斯·斯托斯格等专家的著作，在此一并表示感谢。

我们很喜欢保罗·斯坦尼什的漫画，史蒂夫·米勒的设计也很漂亮。珍妮·哈拉斯蒂花了大量的时间，提出了很多好的想法来帮助孩子们交流。艾莉森·苏特提供了大量关于性别认同障碍的文献。

虽然书中关于注意障碍的观点是我自己提出的，但是儿科医师戴维·麦克唐纳给了我巨大的帮助，他提出的一条中间研究路线对本书尤其有用。

林和约翰·赛克斯阅读了本书初稿，并提供了几个故事素材。所以很多人会在本书中看到自己的思想，但看不到自己的名字。非常感谢你们。

史蒂夫·比达尔夫
1998 年冬

我家的男孩

成长手记

信息卡

姓名：

性别：

出生日期：

年龄：

身高：

体重：

年级：

1. 你对孩子最大的期望是什么?

2. 你希望孩子拥有哪些品质?

3. 你期望自己成为什么样的父母?

4. 作为父母你觉得自己还可以做哪些改变和努力?

认识男孩

1. 他们缺乏经验，喜欢冒险；同时，他们也有能力，富有同情心，性格坚强。

2. 他们在生活中经常表现出不思进取的样子：学习成绩不佳，与同学关系不融洽，容易暴躁，容易染上酗酒等恶习。

3. 他们的作业写得潦草不说，还错误百出；越来越不愿意看书，还不爱参加辩论赛、音乐会、讨论会或其他非运动类的活动，假装对任何事都漠不关心。

…………

许多男孩都这样。认识他们，理解他们，帮助他们，我们能做的有很多。

写下你对你家的男孩的清晰认识：

男孩成长的三个阶段

第一阶段：出生~6岁

他们对这个世界充满好奇，喜欢探险，四处摸索。他们性格迥异。但此时性别差异并不重要，也无须刻意强调。这一阶段他们最需要的就是与父母（至少是其中一方）形成亲密关系。

第二阶段：6~13岁

学着成为男人，这一阶段的男孩更想引起父亲的注意，"男人气"十足。不过，母亲对男孩仍然很重要，要让男孩知道他可以依靠母亲，不需要掩饰自己脆弱的感情。

第三阶段：14岁~成年

一般情况下，男孩会进入快速发育期。尽管每个男孩都大不相同，但这个年龄的男孩也有共性：好辩、焦躁、喜怒无常。不过这并不说明男孩变坏了，他只是身心发生了变化。这一阶段，男孩从生理和心理上都准备向成年人迈进，父母需要帮助、引导他们完成从男孩到男人的转变。

你家的男孩处于哪个成长阶段，他有哪些表现？

男孩的睾丸激素和大脑结构

睾丸激素会对男孩产生影响，使他们发生变化：4岁，男孩开始变得淘气、好动；13岁，男孩进入快速成长时期，缺乏目标；14岁，遇到人生历程中的第一次考验，开始进入成年期的早期阶段。每个男孩都是不同的，这里描述的是一般男孩的成长模式。总之，了解男孩的激素状况及其影响，有助于我们理解男孩在不同时期发生的变化。

对父母来说，了解孩子的大脑结构很重要。男孩大脑的发育速度慢于女孩，且男孩大脑左右半球之间的联系少于女孩，当男女胎儿还孕育在母体中时，他们在大脑结构上的差别就非常明显了，这些知识父母应该知道。如此父母便能采取相应措施，更好地帮助男孩解决成长过程中遇到的一些困难，帮助男孩学会一些技巧，以避免争斗、建立友谊或解决纠纷。

现在你对睾丸激素有所了解了吧，你有哪些具体的方法可以帮男孩促进大脑的发育？写下来并着手实践吧。

努力做个好父亲

做个好父亲并不是说说而已,而是需要付出许多努力。

1. 拿出更多时间参与家庭生活,多和孩子待在一起。和孩子一起玩闹,一起探险,多跟孩子交流。

2. 男孩会学习父亲的人生态度,也会通过观察父亲的行为来学习如何爱人。因此作为丈夫,要谨言慎行,尊重和爱护妻子;作为男人,要尊重女性。

3. 向孩子展示自己的内心感受,流露感情。不管是生气、恐惧还是悲伤,都可以说出来,让家人知道。

…………

写下你的所思所想，努力做个好父亲吧。（本页由父亲填写）

努力做个好母亲

关于怎样养育男孩，大多数母亲刚开始都对此一无所知，感到有点恐惧，但总有方法能让母亲和男孩变得亲密无间。

1. 向丈夫或异性朋友寻求更多信息，了解男孩和男人的世界。如果对男孩的身体有诸多疑问，可以阅读相关书籍或者咨询医生。

2. 帮男孩了解异性，帮男孩学会爱，教他如何与女孩更好地相处，并树立良好的自我形象。

3. 不断调整养育方式，不仅要给他帮助和指导，还要教导他努力学习，为他制定规则，鼓励他学做家务。此外，和丈夫一起分担照顾孩子的重任。

…………

写下你的所思所想，努力做个好母亲吧。（本页由母亲填写）

学校可以做什么

除了在家里，孩子们在学校的时间也很多，如果学校能成为孩子们喜欢的乐园，那么不管男孩女孩，都能更好地快乐成长。

1. 根据孩子的实际情况，与其父母协商，看是否需要让孩子晚一年入学。

2. 对男孩来说，现在的学校一般男教师较少，为此学校应引进更多合格的男教师，让男孩得到男性的鼓励，为他们树立男性榜样。

3. 学校应打造充满活力的教育环境，帮孩子们释放激情；完善学校规则，有效防止恐吓等校园欺凌行为的发生。

…………

你认为学校还有哪些地方需要完善,写下你的意见和建议,不妨和孩子的老师、所在的学校说说你的想法。

性教育、运动和社会的挑战

1. 引导男孩正确认识性,可以找适当的时间与他讨论性和女孩,帮助他了解女孩及其感受;教他区分喜欢、爱和色欲,教导他尊重所有人,远离不健康的性行为。父母应该帮男孩保持身体的活力,比如让他学习跳舞,同时保持开放和积极的心态,帮助他和女孩正常交往。

2. 运动是把双刃剑,它可以给男孩带来很多好处,却也可能带来伤害。我们要帮助男孩树立正确的胜负观,帮助他正确看待体育运动。

3. 我们要构建社会网络来帮助孩子,恰当有益的社会活动会帮助男孩转变成更好的男人。这需要全社会的共同努力。

....

性教育对孩子至关重要，写下你想告诉男孩的性知识，并找到合适的方法和途径；问问他喜欢什么运动，并支持他。让我们不断努力吧。